Techniques d'impact

POUR GRANDIR

Des illustrations
pour développer
l'intelligence
émotionnelle
chez les
adultes

De la même auteure

100 trucs pour améliorer vos relations avec les enfants (11 ans et moins), Montréal, Les Éditions Quebecor, 2010.

100 trucs pour améliorer vos relations avec les ados (11 ans et plus), Montréal, Les Éditions Québec-Livres, 2014.

Ça roule : guide pratique pour que tout se déroule plus facilement à l'adolescence, Montréal, Les Éditions Québec-Livres, 2014.

Cures de rajeunissement pour vos relations sexuelles, Montréal, Les Éditions Québec-Livres, 2014.

Leader d'impact en intervention, en classe et en milieu de travail, Montréal, Les Éditions Québec-Livres, 2014.

Techniques d'impact en classe, Montréal, Les Éditions Québec-Livres, 2014.

Techniques d'impact en psychothérapie, en relation d'aide et en santé mentale, Montréal, Les Éditions Québec-Livres, 2014.

Techniques d'impact pour grandir : des illustrations pour développer l'intelligence émotionnelle chez les enfants, Montréal, Les Éditions Québec-Livres, 2014.

Techniques d'impact pour grandir : des illustrations pour développer l'intelligence émotionnelle chez les adolescents, Montréal, Les Éditions Québec-Livres, 2014.

Danie Beaulieu, Ph. D.

Techniques d'impact

POUR GRANDIR

Des illustrations
pour développer
l'intelligence
émotionnelle
chez les
adultes

2e édition

LES ÉDITIONS
Québec-Livres
Une société de Québecor Média

Catalogage avant publication de Bibliothèque et Archives nationales du Québec et Bibliothèque et Archives Canada

Beaulieu, Danie, 1961-

Techniques d'impact pour grandir : des illustrations pour développer l'intelligence émotionnelle chez les adultes

2e édition.

(Collection Psychologie)

ISBN 978-2-7640-2335-8

1. Émotions. 2. Intelligence émotionnelle – Problèmes et exercices. 3. Imagerie (Psychologie). 4. Adultes – Psychologie. I. Titre. II. Collection : Collection Psychologie (Éditions Québec-Livres).

BF532B42 2014 152.4 C2014-941095-6

Groupe Librex inc.
Une société de Québecor Média
1055, boul. René-Lévesque Est, bureau 201
Montréal (Québec) H2L 4S5
Tél. : 514 270-1746

Dépôt légal : 2014
Bibliothèque et Archives nationales du Québec

Pour en savoir davantage sur nos publications,
visitez notre site : **www.quebec-livres.com**

Éditeur : Jacques Simard
Conception graphique : Marianne Tremblay
Illustrations : Nadia Berghella et Dany Turbide

Imprimé au Canada

Gouvernement du Québec – Programme de crédit d'impôt pour l'édition de livres – Gestion SODEC.

L'Éditeur bénéficie du soutien de la Société de développement des entreprises culturelles du Québec pour son programme d'édition.

Nous reconnaissons l'aide financière du gouvernement du Canada par l'entremise du Fonds du livre du Canada pour nos activités d'édition.

DISTRIBUTEURS EXCLUSIFS :

- Pour le Canada et les États-Unis :
MESSAGERIES ADP*
2315, rue de la Province
Longueuil (Québec) J4G 1G4
Tél. : 450 640-1237
Télécopieur : 450 674-6237
* une division du Groupe Sogides inc.,
filiale du Groupe Livre Québecor Média inc.

- Pour la France et les autres pays :
INTERFORUM editis
Immeuble Paryseine, 3, Allée de la Seine
94854 Ivry CEDEX
Tél. : 33 (0) 4 49 59 11 56/91
Télécopieur : 33 (0) 1 49 59 11 33
Service commande France métropolitaine
Tél. : 33 (0) 2 38 32 71 00
Télécopieur : 33 (0) 2 38 32 71 28
Internet : www.interforum.fr
Service commandes Export – DOM-TOM
Télécopieur : 33 (0) 2 38 32 78 86
Internet : www.interforum.fr
Courriel : cdes-export@interforum.fr

- Pour la Suisse :
INTERFORUM editis SUISSE
Case postale 69 – CH 1701 Fribourg – Suisse
Tél. : 41 (0) 26 460 80 60
Télécopieur : 41 (0) 26 460 80 68
Internet : www.interforumsuisse.ch
Courriel : office@interforumsuisse.ch
Distributeur : OLF S.A.
ZI. 3, Corminboeuf
Case postale 1061 – CH 1701 Fribourg – Suisse
Commandes : Tél. : 41 (0) 26 467 53 33
Télécopieur : 41 (0) 26 467 54 66
Internet : www.olf.ch
Courriel : information@olf.ch

- Pour la Belgique et le Luxembourg :
INTERFORUM BENELUX S.A.
Fond Jean-Pâques, 6
B-1348 Louvain-La-Neuve
Tél. : 00 32 10 42 03 20
Télécopieur : 00 32 10 41 20 24

Table des matières

Remerciements 11

Avant-propos 13

Introduction 15

Mode d'emploi 21

1. Pantoufles 26

- L'importance de tous ceux que nous côtoyons 29

2. Triangle 30
3. Montgolfière 32

- Un petit truc pour limiter les dépenses superflues 35

4. Réparations 36
5. Savoir doser 38
6. Décoration 40
7. Sac à souvenirs 42
8. Appareil photo 46
9. Direction du regard 48

- Le vieux mulet qui devait mourir 51

10. Pot rempli 52
11. Lecteur d'énergie 54
12. Alarme d'incendie 56
13. Famille 58

- Oser le risque 61

14. Géant 62
15. Réactions à la colère 64
16. Réactions à la peur 66
17. Joueurs de golf 68
18. Prisonnier 70

Les obstacles sur notre route 73

19. Série de pots **74**
20. Ressorts **76**

Le village 79

21. Saisons **80**

On ne sait jamais qui l'on aide 83

22. Horloge **84**
23. Cadenas **86**
24. Projecteurs **88**
25. Tempête **90**
26. Conseil d'administration **92**
27. Valise **94**
28. Halte routière **96**
29. Véhicule neuf **98**
30. Rangées et colonnes **100**

Chasser les idées noires par le paranormal 103

31. Station-service **104**

La vie est... 107

32. Brosse magique **108**
33. Dépanneuse **110**
34. Diversité des essences **112**
35. Antenne parabolique **114**
36. Tour de contrôle **116**
37. Grenouilles et têtards **118**
38. Poignée de porte **120**
39. Rétroviseur **122**
40. Masques **124**
41. Chevalier **126**
42. Circulation dans les deux sens **130**
43. Clôtures **132**
44. Pommier **134**

Prendre un verre de bière, mon minou... 137

45. Boutique de cadeaux 138
46. Risque de chute de pierres 142
47. Maisons 144
48. Types de sols 14
49. Kiosque d'information 150
50. Chaussée cahoteuse 15
51. Facture 156
52. Bateau à coque de verre 158
53. Huîtres 160
54. Défense de jeter des ordures 162

Les pouvoirs de l'introspection 165

55. Pêche 166
56. Garage 168
57. Limites de vitesse 170
58. Cadeau 172
59. Boule de cristal 174
60. Lait caillé 176
61. Bilan financier 178
62. Un, deux, trois, partez ! 180
63. Oisillons 182
64. Cent 184
65. Fête 186
66. Vase commun 188
67. Routes 190
68. Souplesse 192
69. Cordes 194

Je te souhaite du temps 197

70. Balles de tennis 198
71. Triangle de Kaniza 200
72. Vidéocassettes 202
73. Douche 204
74. Arbres 206
75. Heures d'ouverture 208

Conclusion 211

Bibliographie 213

Index des sujets traités 215

Remerciements

Lorsque l'idée m'est venue de produire ce manuel, je ne disposais pas du temps nécessaire pour me consacrer à sa rédaction. Deux années plus tard, je n'étais toujours pas arrivée à trouver deux minutes pour le commencer. C'est à ce moment que j'ai décidé de faire appel à une rédactrice pour m'aider à mettre en mots ces idées que je tenais tellement à transmettre. C'est loin d'être évident de trouver une personne capable, à partir d'une illustration et d'une bande sonore sur laquelle j'avais énoncé mes idées, de trouver les mots justes pour articuler la pensée de quelqu'un d'autre. Mais j'ai trouvé cette personne exceptionnelle : elle se nomme Marie-Claude Malenfant et elle est titulaire d'un doctorat en littérature française qu'elle a obtenu en France. Marie-Claude a réussi, avec un rare degré de perfection, à transformer mes paroles parfois nébuleuses en texte bien articulé, clair et finement écrit. Je lui dois également le crédit des titres mêmes de ce livre et des deux autres de la série *Techniques d'impact pour grandir (Des illustrations pour développer l'intelligence émotionnelle chez les enfants* et *Des illustrations pour développer l'intelligence émotionnelle chez les adolescents),* en plus d'avoir contribué à ajouter plusieurs bonnes idées aux techniques présentées.

Je suis également très redevable aux intervenants psychosociaux auxquels j'ai donné des séminaires et conférences et qui m'ont en retour soumis des exemples de problématiques rencontrées auprès de leur clientèle adulte. Sans eux, cet ouvrage n'aurait ni la même richesse ni la même profondeur.

Pour leur soutien et leur stimulation intellectuelle, je souhaite exprimer ma reconnaissance à tous ceux et celles à qui j'ai présenté des versions préliminaires de ces illustrations : ils m'ont fait part de leur emballement et de commentaires positifs et constructifs. Leur enthousiasme contagieux m'a permis de continuer à croire en ce projet et d'y ajouter plus de variété et de précision.

Merci aussi à vous, chers lectrices et lecteurs. Sans votre soutien et votre intérêt, je ne retirerais pas la même satisfaction de mon travail. Vous me permettez de maintenir cette flamme créatrice qui m'incite constamment à imaginer et à mettre en œuvre de nouveaux projets.

Avant-propos

Les émotions, tout comme les relations avec les autres, font partie intégrante de toute vie. Qu'on le veuille ou non, nous sommes toujours d'une humeur ou d'une autre, nous réagissons au contact des gens que nous rencontrons, nous avons des préférences et des aversions plus ou moins prononcées, bref, nous sommes bombardés de signaux qui peuvent nous servir de phare pour nous guider dans notre cheminement ou, au contraire, nous épuiser tant nous déployons d'efforts pour les faire taire; c'est toute la différence entre s'habiter et s'ignorer, entre naviguer avec une carte claire et fidèle ou avancer les yeux fermés.

De plus en plus, les individus qui s'y connaissent en matière de sentiments, qui se montrent capables d'accepter et de gérer efficacement les leurs en plus de réussir à déchiffrer ceux des autres et de composer efficacement avec eux, sont reconnus, valorisés, recherchés, tant dans leur vie personnelle que dans leur vie professionnelle.

Les nouvelles exigences de notre société ne nous laissent guère la liberté de choisir: les stratégies de fuite et de repli sur soi sont de plus en plus difficiles à dissimuler et l'intimidation ou le *bluff* ne suffisent plus pour obtenir des résultats positifs à long terme. Pour prospérer sur le plan professionnel et s'assurer d'une bonne qualité de vie personnelle et interpersonnelle, des compétences relatives à l'intelligence émotionnelle telles que la maîtrise de soi, la capacité d'entretenir des relations harmonieuses, l'adaptabilité, l'ardeur et la persévérance dans les difficultés rencontrées sont devenues des paramètres incontournables. Ce sont en fait ces critères qui font la différence entre ceux qui seront licenciés et ceux qui décrocheront une promotion, ceux qui seront comblés en amour et en amitié et ceux qui seront vite oubliés ou délaissés, ceux qui vivront équilibrés et heureux et ceux qui seront constamment préoccupés et instables.

Ce livre vous propose une démarche afin de développer et d'affiner vos capacités émotionnelles. Vous y trouverez des outils de réflexion et des enseignements pour vous aider à faire un nettoyage de certaines «recettes de vie» devenues désuètes. Bien que cet instrument soit conçu pour être utilisé par des lecteurs autodidactes, il est possible qu'une partie de vos «travaux» nécessite l'aide d'un professionnel. Parfois, une personne objective et, de surcroît, compétente peut vous permettre de gagner beaucoup de temps et surtout de limiter votre temps d'inconfort; n'hésitez pas à consulter l'une d'elles au besoin.

Les intervenants psychosociaux pourront intégrer avec profit ces illustrations au nombre de techniques d'aide psychothérapeutique qu'ils utilisent avec leurs clients. Ces éléments visuels facilitent l'accès aux réseaux psychogènes et aux ressources de l'individu. Comme le mentionne Guillemette Isnard:

> La vue est le maître incontesté de toute perception sensorielle. C'est l'organe des sens le plus perfectionné, le plus complexe, et qui, par ses qualités, s'impose à tous les autres sens avec lesquels il agit en synergie. Ne dit-on pas «je vois» pour exprimer en fait «je pense», «je comprends», témoin inconscient que la vue lie la pensée et l'apprentissage[1].

Le parcours qui mène à la connaissance de soi et à l'amélioration de ses forces est toujours passionnant et enrichissant, mais il faut du temps et beaucoup de travail conscient pour modifier nos circuits neuronaux. Travailler sur soi-même, c'est par ailleurs risquer de voir se réactiver en nous notre passé et de vieilles douleurs que nous préférions garder soigneusement scellées. Il faut du courage et de la volonté pour dépasser ces premiers réflexes d'autoprotection et pour déranger notre petit confort habituel. Ce livre se veut toutefois un cheminement tout en douceur puisqu'il utilise des illustrations qui réfèrent à des scènes connues, accessibles et non menaçantes; elles comportent donc plusieurs éléments positifs qui viendront adoucir certains passages peut-être autrement plus pénibles. Quelles que soient les séquences de cet ouvrage sur lesquelles vous choisirez de vous attarder, je suis persuadée qu'elles seront pour vous une source d'inspiration et de progrès.

---

[1] 1990, p. 39.

Introduction

Les aptitudes intellectuelles, les diplômes et le savoir-faire technique ont pendant longtemps été reconnus comme les clés infaillibles du succès, tant personnel que professionnel, et comme des éléments porteurs de reconnaissance sociale. Conformément à ces valeurs collectives, une personne trop proche de ses sentiments pouvait facilement être qualifiée d'hyperémotive et un homme trop sensible, de faible. Ces normes reflètent un enseignement qui, encore aujourd'hui, demeure perceptible : la majorité d'entre nous avons appris très tôt qu'il valait mieux réfléchir plutôt que ressentir, apprendre plutôt que penser, faire plaisir plutôt que se respecter de telle sorte que plusieurs manifestent un cynisme méprisant — ou du moins un inconfort certain — devant ceux qui abordent des sujets comme la croissance personnelle, la maîtrise des émotions, l'écoute de soi-même...

Ces valeurs n'ont pas seulement été véhiculées sur le plan individuel ; elles ont marqué profondément la société tout entière. Elles reflètent un courant qui a duré près d'un siècle par lequel il semble bien que la logique ait pris le pas sur l'humain et ait fait voler en éclats la cohésion du monde : son principal rejeton, l'ère des télécommunications, qui devait rapprocher les êtres en multipliant les sources d'informations et l'accessibilité à celles-ci, tend paradoxalement à nous isoler : nous savons de plus en plus de choses sur ce qui se passe partout sur la planète, nous pouvons entrer en communication avec des gens qui habitent des contrées lointaines, mais le temps que nous réservons à la conversation avec nos proches se réduit à une vitesse phénoménale (de 16 % en 1980 à 6 % en 1990 au Québec[1]). C'est ce qui fait dire à Jacques Dufresne que :

> l'univers social est en expansion, c'est-à-dire que les individus s'éloignent progressivement les uns des autres. [...] Cette expansion de l'univers humain, et la froide distance qu'elle crée entre les êtres, aboutit en cette fin de millénaire au plus étrange désir qui ait jamais travaillé une époque : faire des enfants, sans faire l'amour, sans se toucher, sans se parler et sans se voir, par l'intermédiaire des éprouvettes et des mères porteuses[2].

Le détachement émotionnel qui marque cette époque a mené les êtres à se sentir vides, oubliés et même robotisés. La personne froide et rationnelle que l'on qualifiait autrefois d'intelligente et qui suscitait beaucoup d'envie autour d'elle est maintenant davantage considérée comme quelqu'un dont la conscience de soi est plutôt faible, qui manque de courage et dont les facultés relationnelles sont déficientes.

Notre perception d'une personne « intelligente » a donc beaucoup évolué depuis les travaux de Howard Gardner[3] : l'un des pionniers d'une nouvelle conception de la personne qui pose qu'au-delà de la maîtrise du langage et de la logique (soit les vecteurs classiques du quotient intellectuel : apprendre et maîtriser des concepts, analyser, résumer, imaginer), l'intelligence comporte d'autres aspects tout aussi fondamentaux : la faculté de s'automotiver, de maîtriser ses émotions et l'aptitude à entrer en relation avec les autres contribuent également à la réussite d'une vie. Ces dernières habiletés, désignées de façon générale par « intelligence sociale » par des psychologues comme E. L. Thorndike dans les années 20 ou, plus récemment, par Robert Sternberg (1985) sont regroupées depuis Peter Salovey sous l'appellation « intelligence émotionnelle » (P. Salovey a proposé, avec John D. Mayer, le premier modèle de cette intelligence « différente »[4]).

---

[1] Étude de Simon Langlois et Gary Caldwell, 1999, *La société québécoise en tendances, 1960-1990,* Québec, 1990 citée par J. Dufresne, p. 97.

[2] 1999, p. 99.

[3] *Frames of Mind,* 1983.

[4] 1990, p. 185-211.

Selon Salovey, l'intelligence émotionnelle serait constituée de cinq composantes. Daniel Goleman les précise de la façon suivante[5] :

La compétence personnelle

1. La connaissance de ses émotions, ou conscience de soi, permet de faire des choix éclairés puisque le jugement s'appuie sur une perception claire de ses états intérieurs, de ses préférences, de ses ressources et de ses intuitions.

   Elle implique de savoir reconnaître ses émotions et leurs effets, de connaître ses forces et ses limites, sa valeur et ses capacités (soit les fondements de la confiance en soi).

2. La maîtrise de soi permet de réagir adéquatement aux impondérables et aux revers de situations, par la gestion des états intérieurs, des impulsions et des ressources de l'individu.

   Les compétences affiliées au contrôle des émotions sont l'intégrité, la conscience professionnelle, la souplesse ou l'adaptabilité au changement et la capacité d'innovation.

3. L'automotivation, ou aptitude à se concentrer, résulte de la faculté de réprimer ses pulsions et de remettre la satisfaction des désirs à plus tard ; elle permet d'atteindre un état de « fluidité » psychologique efficace sans se laisser troubler par ses émotions.

   La capacité d'atteindre les buts que se fixe l'individu dépend directement de son aptitude à se motiver : il doit donc développer l'exigence de perfection, la notion d'engagement, le sens de l'initiative ainsi que l'optimisme et la ténacité.

La compétence sociale

4. La perception des émotions d'autrui, ou empathie, permet de détecter les signaux non verbaux et de percevoir l'état psychologique de l'autre (ses sentiments, ses besoins, ses préoccupations) : il est alors plus facile d'entrer en « phase » avec celui-ci, de répondre à la situation par des réactions appropriées, d'installer un climat de confiance et de construire des relations authentiques et satisfaisantes.

   Elle implique la compréhension des autres, la capacité d'anticiper leurs besoins, de stimuler leurs capacités, le fait de savoir tirer parti des différences ainsi que le sens politique, qui permet de détecter les relations de pouvoir dans la dynamique d'un groupe afin de s'y insérer et d'y agir de façon adéquate.

5. La maîtrise des relations humaines, ou aptitude sociale, s'inscrit dans le prolongement de l'empathie : la faculté de recevoir les messages de l'autre est la condition préalable à la faculté d'émettre adéquatement et de diriger harmonieusement une discussion (qu'elle soit ou non conflictuelle) ou un projet (qu'il s'agisse d'une activité ponctuelle ou d'un projet de vie).

   Les habiletés affiliées à cette composante sont la capacité de communiquer clairement et de façon persuasive, l'aptitude à guider et à diriger, à initier le changement, à négocier, la faculté de nouer des liens, la collaboration et la coopération ainsi que l'habileté à mobiliser les autres en regard d'un objectif commun.

[5] Les définitions qui suivent sont adaptées de D. Goleman, 1997, p. 63, et 1999, p. 42-43.

Ces compétences qui sont liées à la dimension émotionnelle de l'individu contribuent à sa survie et à sa réussite, de façon plus importante encore que le quotient intellectuel dont on a longtemps cru — et dont on croit encore couramment — qu'il était le facteur déterminant d'une vie épanouie ou ratée[6]. Dans son premier livre sur le sujet, Daniel Goleman fait état d'études aux conclusions sidérantes dont celle du Dr George Vaillant: en retraçant l'itinéraire de 90 étudiants formés à l'Université de Harvard au cours des années 40, le Dr Vaillant constata que ceux qui avaient obtenu les meilleurs résultats aux examens n'avaient pas réussi mieux que les autres sur les plans du salaire, de la productivité et du statut professionnel[7]. La leçon qui ressort de ces recherches est la suivante: ce qui distingue les gagnants des perdants, ce ne sont pas tant les forces intellectuelles que l'ensemble des qualités associées à l'intelligence émotionnelle.

Ce faisceau d'aptitudes sociales et personnelles n'est pas fixé génétiquement: chacun le construit au contact des autres, de façon plus ou moins structurée selon les modèles qu'il a rencontrés dans sa vie et selon les encouragements ou les commentaires dissuasifs qu'il a reçus de personnes significatives de son entourage. Nous pouvons aussi le développer davantage en lui accordant une place privilégiée dans notre vie: la démarche d'introspection qui est proposée dans ce livre vise précisément cet objectif.

Comme la biologie ou les mathématiques, la vie affective est une «discipline» dans laquelle certains se sentent plus ou moins à l'aise. Il est cependant important de se doter d'outils accessibles pouvant nous permettre d'apprivoiser graduellement cette dimension, parce que notre ignorance dans ce domaine constitue une lourde entrave à la réussite. Comme le dit Daniel Goleman, «l'intelligence émotionnelle est une métacapacité; elle détermine avec quel degré nous exploitons nos autres atouts, y compris notre intellect[8]». Dans la mesure où nous sommes à la fois condamnés à souffrir de nos émotions ou à jouir des possibilités qu'elles offrent, pourquoi ne pas apprendre à en «faire quelque chose» plutôt que de simplement les subir? Pourquoi ne pas les écouter, les apprivoiser et apprendre leur langage secret plutôt que de demeurer ces alexithymiques que nous sommes?

Trop souvent nous ne prenons conscience de nos émotions qu'au moment où elles nous envahissent au point de déborder ou de nous paralyser. Avec un peu d'entraînement et de vigilance, nous pouvons apprendre à mieux les pressentir et les anticiper pour qu'elles deviennent des avantages de notre personnalité et non des menaces pour notre équilibre. Chacun peut développer ses «muscles psychologiques» pour accéder à une meilleure gestion de sa vie amoureuse, familiale, sociale, professionnelle et de ses états d'être.

Les pages qui suivent vous aideront à (re)prendre contact avec vous-même pour vous permettre de continuer à grandir en détermination, en assurance et en maîtrise de vous-même.

---

[6] Selon cette vision des choses, puisque le quotient intellectuel n'évolue guère avec les années et constitue une donnée de base pratiquement immuable, la loterie de la vie n'en paraît que plus fondamentalement injuste.

[7] George Vaillant, *Adaptation to Life*, Little, Brown, Boston, 1977; cité par D. Goleman, 1997, p. 53 et nº 4, p. 388.

[8] 1997, p. 54.

NE PENSEZ PAS à un éléphant.

Trop tard, n'est-ce pas? Qu'est-ce qui fait que l'éléphant a surgi dans votre esprit avant même que vous ayez pu l'intercepter? Comment cette image s'est-elle manifestée à vous, par quel processus a-t-elle pris forme?

Plusieurs décennies de recherche sur le fonctionnement cérébral ont conduit à l'évidence que le cerveau décompose en sous-catégories chaque information qu'il enregistre: différentes cellules détectent différentes couleurs, d'autres les contours, d'autres encore la profondeur, la texture, les ombrages, la vitesse, etc. Chaque dimension sensorielle possède ses «soldats» spécialisés. Lorsque le réseau «éléphant» est activé, les cellules qui y sont associées commencent à vibrer et au moment où suffisamment de pièces sont réunies — ce qui nécessite en moyenne de 50 à 100 millisecondes[9] — l'image surgit à notre esprit avec toutes ses dimensions multisensorielles, combinées à la richesse de nos expériences passées avec cet animal (qu'elles proviennent d'expositions réelles, de lectures, de fantaisies imaginaires, de scènes vues à la télévision, de ouï-dire ou autres).

Selon le Dr Charles Gray, neuroscientifique, l'utilisation de la fréquence d'oscillations comme façon d'intégrer différentes parties de perception comporte plusieurs avantages: si le cerveau devait posséder un site particulier pour chaque image réelle ou imaginaire — un éléphant, un éléphant rose, un éléphant rose avec des taches jaunes, un éléphant rose avec des taches jaunes dans un champ de maïs, etc. —, le nombre de neurones nécessaires dépasserait rapidement le patrimoine obtenu à la naissance[10]. Avec la fragmentation de l'information, chacun de ces éléments peut être impliqué dans une multitude de combinaisons en plus de bonifier chaque nouvel enregistrement. Un peu comme la farine se retrouve dans les muffins, les tartes, les gâteaux, les quiches, elle peut aussi, une fois que nous possédons cet ingrédient, être incorporée dans d'autres réalisations potentielles, même celles auxquelles nous n'avons pas encore pensé.

Ainsi, plusieurs de nos souvenirs et de nos connaissances possèdent une foule d'éléments en commun. Par exemple, à partir du moment où le circuit «éléphant» est stimulé, d'autres réseaux plus complexes, impliquant d'autres scènes ou connaissances de cet animal, peuvent être reconstitués facilement, parfois même sans commande volontaire, un peu comme une pierre lancée dans l'eau va engendrer des cercles concentriques qui vont s'agrandir progressivement. Ainsi, lorsque certains éléments d'une situation, d'une personne ou d'une illustration possèdent un lien avec un enregistrement déjà contenu dans notre mémoire, l'esprit émotionnel réagit en éveillant les sentiments, les circuits associés à ce souvenir: il réagit au présent comme s'il était le passé. Qui n'a pas retrouvé la tendresse de sa mère en revoyant un de ses vêtements ou une de ses photos longtemps après son décès?

---

[9] Selon Sandra Blakeslee, 1998, p. 221-225.

[10] Cité par J. Toobey et I. Cosmides, 1990, p. 418-419.

En quoi ces informations sont-elles pertinentes pour mon cheminement personnel?

La croissance personnelle suppose la modification de certains réseaux mnésiques. Même des façons de faire purement logiques et rationnelles possèdent des empreintes multisensorielles — visuelles, auditives, kinesthésiques, parfois olfactives et gustatives — qui précèdent la formation d'un jugement. Par exemple, une personne qui a failli mourir des suites d'une ingestion de crevettes où tous la regardaient, impuissants autour de la table, se souvient des malaises physiques qu'elle a ressentis, du goût et du parfum du repas. Sa conclusion finale, ne plus jamais manger de ce crustacé, est appuyée par tous les enregistrements traumatisants qui ont entouré sa réaction.

De même, il nous faut remonter la chaîne de nos enregistrements pour parvenir à court-circuiter certaines décisions qui vont à l'encontre de notre épanouissement. En psychothérapie conventionnelle où, en général, seul le langage verbal est utilisé, il est parfois difficile, ou à tout le moins très long, de réveiller ces évocations multisensorielles, de les réunir pour permettre aux circuits spécifiques de «s'allumer» et d'apparaître à notre esprit: en conséquence, il est encore plus complexe de les modifier. En incorporant des stimulations visuelles, nous ajoutons de l'activité supplémentaire dans le cerveau, engendrant ainsi une plus grande mobilisation des neurones ainsi que le démontre la tomographie à positons (TEP), cet appareil capable de photographier l'activité cérébrale. Lorsque l'on utilise de l'information visuelle pour stimuler le cerveau, en plus du langage verbal, nous impliquons une plus grande partie de la géographie neuronale: c'est la différence entre travailler seul à construire une maison et s'y mettre à plusieurs; la première option entraîne souvent un découragement devant l'ampleur de la tâche et la lenteur des travaux, alors que la deuxième soulève l'enthousiasme et l'espoir.

La stimulation visuelle fait partie du fonctionnement naturel du cerveau. On sait notamment que le cerveau est une machine à fabriquer des images: si je vous demande par exemple lequel de ces deux objets est le plus vert foncé: un arbre de Noël ou un pois mange-tout? Et, si vous bougez la lettre «N» à 90 degrés vers la droite, quelle lettre obtiendrez-vous? En essayant de répondre à ces questions, votre cerveau a d'abord retrouvé ou fabriqué des images afin de voir «mentalement» la réponse. La vue est donc une partie extrêmement importante de notre fonctionnement mental, car c'est d'elle que provient, selon la neurophysiologie humaine, 60 % de toute information qui arrive au cerveau.

De plus, la vue possède à elle seule la capacité d'emmagasiner une quantité innombrable de données qu'il serait impossible de décrire avec le simple langage des mots: dans le visage d'une personne, il y a ses traits, son âge, son expérience de vie, son style, sa personnalité, son lien avec vous: toutes ces informations et plus encore sont capturées dans une seule image. La vision permet également d'augmenter nos capacités mnésiques: la preuve est que la plupart des mnémotechnies sont basées sur l'ajout d'éléments visuels. En situation de thérapie, non seulement l'ensemble de la personne est impliqué dans un travail psychothérapeutique à médiation visuelle, mais l'inscription des nouvelles données demeure plus solidement ancrée chez elle.

Un autre élément important appuie l'utilisation des illustrations: une grande partie de nos enregistrements marquants n'est pas contenue dans nos cellules auditives mais bien dans les visuelles; le fait d'avoir vu le regard violent de son père et les yeux baissés de sa mère devant notre comportement un peu trop extraverti a jeté les bases de notre façon d'être avec eux et avec les autres. Il est donc parfaitement inutile de tenter de les retrouver en titillant notre cortex auditif puisque l'information ne s'y trouve pas. Comme le précise Guillemette Isnard, neurophysiologiste :

> « le langage ne conduira que difficilement, ou pas du tout, aux portes de la mémoire » ; en effet, « toute mémoire est vibration, et le langage n'exprime qu'une partie de cette vibration[11] ».

Pour retrouver l'accès à nos voies souterraines, l'incorporation de stimuli visuels constitue une puissance souvent redoutable puisque, malgré nos objections conscientes, les images mettent en ébullition des cellules porteuses de différentes dimensions de nos expériences passées : à la suite d'une simple stimulation auditive, plusieurs de ces données importantes parviennent à se camoufler ou à s'éclipser ; avec des dessins ou des illustrations, la route vers nos écueils émotionnels est beaucoup plus directe et l'accès, plus rapide. Là où des barrières entravent le parcours du langage verbal et de la pensée rationnelle, la voie est libre et dégagée dans les zones riches du visuel et des autres sens qui relèvent de la mémoire implicite, celle qui ne dépend pas de la logique, celle qui assume et possède la majorité de nos apprentissages[12].

[11] 1990, p. 8.

[12] Voir van der Kolk, B., 1996, p. 286.

Mode d'emploi des Techniques d'impact pour grandir

N. B. La lecture de cette section est indispensable pour l'utilisation optimale de ce livre.

À qui s'adresse ce volume et quel est son but ?

Ce livre a été conçu pour les adultes qui s'intéressent à la croissance personnelle, qu'ils soient autodidactes, aidants naturels ou professionnels. Il a pour objectif d'offrir des axes de travail, des outils de réflexion et des moyens concrets pour permettre à l'adulte de cultiver et de développer ses qualités de cœur et ses compétences émotionnelles comme la conscience de lui-même, ses habiletés interpersonnelles, une saine gestion de ses émotions ainsi que la connaissance, l'affirmation et le dépassement de soi.

Éventail des possibilités d'application

Pour chacune des 75 illustrations présentées dans ce livre, vous retrouverez plusieurs possibilités d'exploitation de la métaphore qui portent sur des dimensions spécifiques de l'intelligence émotionnelle. En tout, vous retrouverez six différentes rubriques représentées par les pictogrammes suivants :

habiletés sociales

les habiletés sociales touchent le développement des compétences interpersonnelles, qu'il s'agisse des relations avec les amis, la personne aimée, les collègues de travail ou les membres de la famille ;

couple

la partie portant sur le couple regroupe une série de questionnements spécifiques à la vie à deux, visant à maintenir et à développer l'harmonie conjugale, le respect et l'acceptation des différences et le plein épanouissement de la vie amoureuse et sexuelle ;

parents enfants

la portion relative aux relations parents-enfants présente des éléments pour exercer un meilleur contrôle de soi dans l'éducation des jeunes ainsi que des suggestions pour développer chez le parent la souplesse et l'empathie nécessaires à l'accompagnement de l'enfant dans les différentes étapes de son évolution ;

travail

la section sur le travail explore tout autant la dimension du choix de carrière, la façon de maintenir et d'améliorer son intérêt, son enthousiasme et son efficacité que la gestion saine de son temps et de son investissement ;

maîtrise de soi

la maîtrise de soi englobe la gestion de ses émotions, la domination de ses pulsions et de ses désirs et l'acceptation de ses forces et de ses faiblesses ;

divers

une dernière catégorie, intitulée « divers », regroupe différents thèmes de la vie quotidienne au sens large (gestion financière, hygiène, sorties, etc.).

Vous trouverez par ailleurs un index, à la fin de l'ouvrage, qui recense de façon plus détaillée les problématiques abordées (dépression, relations amoureuses et amicales, deuil, conflits, colère, dépendance, etc.).

Rappelez-vous que le but de ce livre est de vous offrir des moyens différents et variés pour aborder les problèmes des adultes, réfléchir à leurs solutions et agir, maintenant. Il ne prétend nullement être un manuel de psychologie qui présente de façon approfondie les causes et les traitements de chacune de ces difficultés. Ces informations se trouvent dans des volumes spécialisés et vous retrouverez d'ailleurs plusieurs références pertinentes dans la bibliographie.

Notez également que les suggestions développées pour chaque illustration ne sont que des propositions : vous pouvez les exploiter autrement, en créant vous-même de nouvelles applications ou en les remaniant en fonction de vos besoins spécifiques. Dans ce cas, vous devrez toutefois prendre soin de respecter chacune des étapes élaborées ci-dessous pour favoriser de meilleurs résultats.

Itinéraire des exercices pour les intervenants

1. Les intervenants qui utilisent une même métaphore avec plusieurs personnes verront, avec l'expérience, que chaque illustration évoque une signification particulière pour chacun. La puissance de l'exercice dépend du lien direct que l'on peut établir entre la représentation interne que la personne se fait de l'image et le comportement ou la réaction que l'on souhaite modifier ou développer ; il importe donc de laisser le client s'exprimer sur la vision subjective qu'il se fait de l'image. Chaque fois qu'un client vous parle de son interprétation, il vous donne accès à son monde intérieur et vous fournit des éléments pour mieux le comprendre ou pour mieux intervenir auprès de lui.
2. Assurez-vous, dans la deuxième section, de l'interroger abondamment sur les différentes particularités de l'illustration, en insistant évidemment sur celles que vous voudrez utiliser par la suite. Par exemple, dans une image qui traite des stratégies pour établir des relations riches et réciproques, une pancarte routière indique une circulation dans les deux sens. Vous devez explorer avec le client les éléments qui se rattachent à ce symbole : quelles seraient les conséquences de ne pas respecter cette affiche ? Accepteriez-vous de circuler avec une personne qui ferait fi des panneaux de signalisation ? Vous arrive-t-il de rouler sur la voie réservée à l'autre ? Toutes ces questions pourront par la suite être reprises littéralement (à l'étape 3), mais devront être mises directement en rapport avec sa façon d'aborder ses relations avec les autres. Plus vous consacrerez de temps à la seconde partie, plus vous vous assurerez que le client a bien compris l'idée de base et plus il lui sera facile de créer un lien avec sa propre vie.
3. En vous fondant sur les commentaires du client, vous reliez enfin la métaphore au problème auquel il est confronté en réutilisant tout ce qui a été dit dans les première et deuxième parties. Prenez le temps de le laisser s'exprimer sur les liens qu'il entrevoit ; laissez-lui toute la latitude voulue pour établir lui-même les premières connexions. Détaillez ensuite les liens plus complexes qui pourraient enrichir l'expérience, en vous assurant évidemment de respecter son degré de conscience du problème pour qu'il en saisisse bien tous les aspects.

Itinéraire des exercices pour les autodidactes

1. Prenez le temps de bien observer l'illustration en laissant monter les images, les mots, les sons, les sensations et les émotions que cette image soulève en vous. Toutes les réactions sont des langages, aussi vous faudra-t-il apprendre à reconnaître les différentes formes de communication utilisées par les multiples parties de votre être. Comme le dit Daniel Goleman: «Pour qu'on devienne sensible au murmure souterrain de l'humeur, il faut que l'esprit s'accorde une pause, ce qu'il accepte rarement. Nos sentiments nous accompagnent toujours mais nous les négligeons. [...] Avec un peu d'attention, nous pouvons apprendre à mieux les reconnaître[1].»

2. Commencez à lire le texte accompagnant l'illustration en continuant d'être à l'écoute des réactions qui émergent en vous. N'hésitez pas à dépasser les réflexions qui vous sont proposées pour les adapter ou les enrichir en fonction de votre propre milieu de vie ou de votre style.

3. Détaillez ensuite les liens plus complexes qui pourraient enrichir votre expérience, en les généralisant à d'autres sphères de votre vie.

4. Essayez de demeurer le plus objectif possible: nous avons tous tendance à nier nos défauts et à nous surévaluer. Faites l'effort de conserver à l'esprit l'opinion que les autres ont de vous lorsqu'il s'agit de porter un jugement sur vos attitudes ou comportements à l'égard d'autrui.

5. Soyez patient et réaliste: non seulement il faut se répéter une chose des dizaines de fois pour la retenir, mais encore faut-il souvent désapprendre ce que nous savions pour intégrer de nouvelles façons de faire. L'endoctrinement que nous avons reçu de nos parents, de notre culture, et les traces laissées par nos propres expériences passées agissent comme des freins au développement d'une nouvelle philosophie.

Suggestions pour consolider les nouveaux apprentissages

Afin d'optimiser les résultats de l'exercice et d'en fixer les bénéfices de façon durable, je vous suggère fortement de développer le plus d'ancrages possible de la métaphore dans la réalité. Voici quelques propositions de stratégies favorisant l'intégration des métaphores au-delà du cadre de l'exercice lui-même.

a) Afficher l'illustration dans un endroit visible (sur le réfrigérateur, dans le portefeuille, sur la porte de la chambre...). Accordez-lui une place de choix dans le milieu de vie naturel de façon à y être exposé fréquemment et qu'elle serve ainsi de rappel des nouveaux apprentissages.

b) À la suite du travail réalisé avec les illustrations, créez des occasions qui favoriseront le développement des nouvelles compétences souhaitées, soit en choisissant délibérément de provoquer ou de vous exposer à des situations qui mettront à l'épreuve ces nouvelles habiletés.

c) La comparaison des coûts associés aux anciennes façons de faire et des bénéfices reliés aux nouvelles stratégies pourra renforcer le cheminement en cours.

d) Avec une bonne dose d'humilité, vous pourrez solliciter la collaboration des proches pour qu'ils enrichissent votre compréhension de vous-même et vous aident à reconnaître puis à développer votre degré d'habileté face à ce que vous tentez d'améliorer.

---

[1] 1999, p. 75.

Cibler votre démarche

Vous remarquerez au cours de votre lecture qu'un même concept ou comportement problématique peut être abordé à l'aide de différentes métaphores. Cette répétition est tout à fait volontaire : elle a pour but de vous proposer plusieurs angles d'approche, d'apporter des compléments et de raffiner les détails de votre intervention de façon à mieux l'adapter à votre personnalité et aux circonstances ponctuelles. Vous pouvez consulter l'index afin d'identifier les séquences d'illustrations qui abordent le problème à traiter et choisir celles qui vous sembleront les plus adéquates.

Par ailleurs, je déconseille de vous imposer un « traitement choc » en vous soumettant à tous les exercices du livre, d'un couvert à l'autre. Vous risquez de diluer le message en multipliant les sens de la métaphore, de diminuer ainsi l'impact de l'expérience et de créer chez vous plus de confusion que de clarté. Je vous recommande en conséquence de vous limiter à une seule utilisation de l'illustration (parmi les deux ou trois suggérées) et de recourir, tout au plus, à une ou deux métaphores pour traiter d'un même sujet.

Consignes générales pour permettre aux intervenants d'accroître l'efficacité des exercices

a) Dans l'ensemble, je ne saurais vous recommander avec trop d'insistance de vous approprier de façon personnelle le matériel pédagogique qui vous est proposé lorsque vous l'utilisez avec un client : votre mimique, votre ton de voix et votre insistance sur certains détails de l'image viendront éveiller son intérêt, le rendront plus réceptif et faciliteront une meilleure intégration des éléments de l'exercice. Également, assurez-vous de bien posséder la métaphore que vous vous apprêtez à utiliser avant de l'appliquer, sinon vous risquez d'être surpris par les commentaires du client et d'être incapable de vous adapter rapidement à son vécu. Pour que l'expérience profite vraiment à la personne que vous aidez, il est essentiel que vous puissiez vous adapter au contenu qu'elle vous apportera plutôt que de vous entêter à lui faire avaler la leçon à laquelle vous vous étiez préparé.

b) Sollicitez le jugement du client en lui posant des questions du genre : « Avez-vous une meilleure idée ? Comment pourriez-vous développer cela dans votre vie ? Quel serait un plan gagnant ? » Cette approche est beaucoup plus valorisante puisqu'elle fait appel à son bon jugement et à ses capacités de résolution de problème.

c) L'art du renforcement positif figure parmi les stratégies pédagogiques les plus puissantes et les plus importantes à maîtriser par toute personne qui cherche à aider les autres. Tout être humain a besoin d'être apprécié pour ce qu'il est et pour ce qu'il fait. Et le client, qui est en apprentissage de nouvelles façons de faire, a un besoin particulièrement vital de voir ses progrès soulignés, d'être soutenu dans ses échecs et de sentir qu'il est une personne valable quoi qu'il arrive.

d) Centrez-vous uniquement sur ce que le client *peut* faire, sur ce qu'il *peut* réussir. Évitez de comparer son état à celui des autres et de généraliser les particularités de sa situation. Chaque personne requiert une intervention sur mesure, spécifique, en fonction de sa personnalité, de ses forces et de ses faiblesses. Si vous pouvez respecter cette règle, vous lui apprendrez du même coup le respect et l'estime de lui-même.

e) N'oubliez pas que les gens apprennent beaucoup par imitation. Chaque geste, chaque mot, chaque réaction, chacun des échanges que vous partagez avec le client viendront nourrir ou éteindre ces aptitudes et qualités que vous voulez voir s'épanouir en lui.

f) Il doit être mentionné que RIEN ne fonctionne éternellement et qu'aucun outil n'est universel. En d'autres termes, nous ne pouvons prédire quelle technique donnera les meilleurs résultats puisque chaque personne est unique. Vous devrez expérimenter et ne pas vous laisser abattre si votre client ne semble pas être rejoint par l'exercice, en dépit de tous vos bons soins. Il n'existe tout simplement pas de substitut à la patience et à la volonté lorsqu'il s'agit de modifier des façons de faire qui perdurent depuis très longtemps. Gardez toujours à l'esprit que les bénéfices des efforts investis en valent largement le travail.

Et si je n'utilise pas bien les métaphores ?

Inquiet à l'idée de faire des erreurs ? Évidemment... comme tout le monde ! N'oubliez jamais que les erreurs offrent à nous-mêmes, comme aux gens qui nous tiennent à cœur, de merveilleuses occasions d'apprendre et de nous améliorer. Nous faisons tous beaucoup d'erreurs pendant notre parcours, mais si nous pouvons les accepter et les corriger, nous pourrons alors faire face à n'importe laquelle de nos bévues et en faire profiter tout le monde, à commencer par nous-mêmes.

1. Pantoufles

1. Pantoufles

S'adapter à différentes situations et personnes de notre entourage — s'adapter à l'inconnu, à la nouveauté, au changement.

1. Observation et analyse de l'illustration.

On connaît cette expression, des «bonnes vieilles pantoufles», qui exprime bien à quel point nous trouvons confortable et rassurant ce que nous connaissons par cœur, ce que nous avons mis à notre main, ce qui nous est si habituel qu'il s'agit presque d'une seconde nature. Toutefois, à l'égard de ces pantoufles, on devient généralement aveugle: on ne voit plus qu'elles sont décousues, déformées, enlaidies par l'usage.

2. Interprétations à explorer.

couple

Dans votre vie de couple, est-il possible que vous ayez tricoté des pantoufles qui ne sont plus aussi confortables qu'au tout début, mais que vous teniez tout de même à conserver, par la force de l'habitude et parce qu'il vous coûte de faire l'effort d'en tricoter d'autres? Que trouvez-vous de si rassurant et de tellement «rentable» dans ces façons habituelles de vivre ensemble? Pouvez-vous trouver d'autres comportements qui viendraient les remplacer et qui vous conviendraient mieux? Quand allez-vous utiliser cette stratégie de remplacement?

L'un des lieux de la vie à deux les plus susceptibles de tourner en «vieilles pantoufles» est sans nul doute la répartition des tâches domestiques: depuis combien de temps avez-vous déterminé que c'est à l'un de s'occuper des ordures et à l'autre, de la vaisselle? Est-ce toujours ce qui vous semble adéquat à tous les deux? Est-ce encore le meilleur arrangement pour vous? L'exemple peut sembler anodin, mais ce qui appauvrit le plus la qualité d'une relation, c'est l'habitude, dans tous ses aspects, dans tous les types d'activités que vous partagez (ou ne partagez pas). Si le coût de l'habitude vous semble personnellement bénéfique, il n'est pas certain, toutefois, qu'il le soit autant pour votre vie de couple: vaut-il mieux changer de pantoufles régulièrement ou trouver une autre garde-robe pour conserver les vieilles?

divers

Il est fréquent que les gens qui n'ont pas appris à gérer efficacement leur argent quand ils étaient adolescents prennent l'habitude, lorsqu'ils deviennent de jeunes adultes sans responsabilités familiales, de flamber leurs revenus et de vivre au-dessus de leurs moyens. Vivre au jour le jour en cultivant la myopie du futur peut paraître enivrant sur le moment, mais cette façon de faire a pour conséquence qu'il devient pratiquement impossible de construire quelque chose, ce qui engendre de plus en plus d'insatisfaction. Quelles sont vos vieilles habitudes sur ce plan? Vous servent-elles encore? Y aurait-il lieu de les améliorer? Comment? Auriez-vous déjà en tête un plan concret qui vous permettrait d'améliorer votre rapport à l'argent en développant de nouvelles habitudes de consommation? Vous pouvez vous informer auprès de votre CLSC ou de certaines institutions financières: ces organismes offrent parfois des formations gratuites sur la gestion du budget.

travail

De nos jours, une personne connaît en moyenne quatre carrières au cours de sa vie active: il devient de plus en plus rare de faire exactement le même travail jusqu'à la retraite et de plus en plus fréquent d'exercer des activités dans plus d'un domaine. Cela suppose que l'on doive développer une bonne capacité d'adaptation au changement comme à différents contextes de travail, que l'on doive cultiver flexibilité, souplesse et polyvalence. Plus encore, la part continuellement grandissante qu'occupent l'informatique et Internet dans notre quotidien modifie rapidement les façons de faire (travailler, s'informer, échanger, faire des achats): pour suivre l'évolution du monde qui nous entoure, il nous faut donc absolument changer nos vieilles pantoufles. Quelle est votre attitude à cet égard? Conservez-vous vos pantoufles ou êtes-vous capable de vous en débarrasser sans trop de regrets, en étant heureux d'en essayer et d'en porter de nouvelles? Comment réagissez-vous devant les changements de votre milieu ou de votre cadre de vie, ou devant ceux de la société dans son ensemble ? Êtes-vous rébarbatif et réticent à la nouveauté, aux modifications qui vous sont imposées ? Cherchez-vous au contraire de votre propre initiative à transformer certains paramètres de votre vie ? Croyez-vous pouvoir devenir un maître dans l'art de vous adapter avec fluidité ?

parents enfants

Les enfants ont des amis, des professeurs et des amoureux ou des amoureuses auxquels il faut constamment s'adapter. Plus encore, les enfants eux-mêmes changent beaucoup au cours de leur évolution, et parfois rapidement. Cultivez-vous la nostalgie des premières années de vos enfants, en regrettant qu'ils ne soient plus aujourd'hui ce qu'ils étaient alors, ou accueillez-vous plutôt les différentes phases de leur croissance en étant curieux de découvrir ce qu'ils deviennent et les façons par lesquelles ils choisissent de s'affirmer ? Comment votre attitude influence-t-elle vos rapports avec vos enfants ? avec la personne que vous aimez ? En quoi votre estime de vous-même est-elle affectée ou enrichie par votre façon de faire ? Pourriez-vous imaginer un scénario plus gagnant dans votre manière de vous adapter aux transformations et décisions de vos jeunes ?

L'importance de tous ceux que nous côtoyons

Au cours du deuxième mois de mon cours en soins infirmiers, notre professeur nous donna une interrogation écrite. J'étais une étudiante consciencieuse et passai facilement à travers les questions jusqu'au moment où je lus la dernière: «Quel est le prénom de la dame qui fait le ménage de l'école?» Je conclus qu'il s'agissait certainement d'une blague. J'avais croisé la femme de ménage plusieurs fois: c'était une grande femme aux cheveux foncés, dans la cinquantaine, mais comment pouvais-je connaître son prénom? Je remis ma copie en laissant la dernière question sans réponse. Juste avant que la classe se termine, une étudiante demanda au professeur si la dernière question allait compter dans le calcul de la note finale de ce test. «Absolument, répondit-il. Durant votre carrière, vous rencontrerez plusieurs personnes. Toutes sont importantes et méritent votre attention ainsi que vos soins, même si tout ce que vous faites est de sourire et de dire " bonjour ".» Je n'ai jamais oublié cette leçon. Et j'ai aussi appris qu'elle s'appelait Dorothy.

2. Triangle

Paris
c’est le
le Printemps

2. Triangle

Décrocher d'une vision négative des événements, de l'existence ou d'une dynamique relationnelle malsaine.

1. Observation et analyse de l'illustration.

Que lisez-vous dans l'illustration? En êtes-vous bien certain? Si vous avez lu «Paris c'est le printemps», ce n'est pas la bonne réponse. Vérifiez bien: deux «le» sont inscrits dans le triangle.

2. Interprétations à explorer.

Votre façon de voir les choses vous fait-elle oublier certains «le» de votre vie? On remarque que les personnes qui ont tendance à se dévaloriser ou qui sont plutôt dépressives ne considèrent qu'un seul aspect des choses: celui qui leur confirme qu'elles ont raison de se juger aussi durement ou de se laisser aller à la déprime. Si c'est votre cas, il y a de fortes chances pour que vous ne voyiez pas ce qui est écrit noir sur blanc sur le tableau de votre quotidien, ni ce qui est évident pour toute autre personne que vous.

Tout le monde traverse de mauvaises périodes et, pour chacun de nous, le même phénomène se produit: au cours des mauvaises passes, notre cerveau éprouve plus de difficulté à opérer les mêmes connexions que d'habitude et semble devenir inapte à établir une lecture objective et juste de la réalité. Méfiez-vous de votre cerveau et soyez attentif, dans les jours qui suivront votre lecture, à tous ces «le» que vous omettez de lire: regardez les gens sourire, l'attention et le soutien spontané que les autres sont capables de vous apporter; remémorez-vous ce que vous avez fait de bon et de bien dans votre vie, ce dont vous êtes fier ainsi que les succès que vous avez connus; ayez une bonne pensée pour les personnes qui ont été significatives et précieuses pour vous. Tout cela fait partie de la réalité.

Au cours de notre existence, nous côtoyons certaines personnes par choix (enfant, partenaire en amour, amis), tandis que d'autres nous sont imposées par les circonstances (collègue de travail, belle-famille, voisin). Avec les unes comme avec les autres, il est inévitable que se produisent des conflits: nous sommes tous uniques et nous avons des façons différentes de voir les choses et de réagir. Lorsqu'un conflit prend de l'ampleur et entre dans sa phase critique («Je ne suis plus capable de le sentir»), nous atteignons un point de saturation tel que nous ne voyons plus que les mauvais côtés de l'autre, tout ce qui nous agace dans sa personnalité et qui vient confirmer le jugement que nous avions porté à son égard. Encore une fois, méfiez-vous de votre cerveau qui ne lit plus objectivement les faits et vous renvoie une lecture erronée: tout mouvement de gentillesse est interprété comme la plus vile hypocrisie; un sourire ne peut être reconnu à sa juste valeur puisque vous lui prêtez d'autres intentions (se faire bien voir des autres). Dans ce contexte, quoi que la personne avec laquelle vous êtes en conflit puisse faire pour tenter un rapprochement, elle ne parviendra jamais à vous atteindre: vous ne verrez jamais les «le» qu'elle vous adresse. Vous devez donc vous faire violence pour leur porter attention et pouvoir les prendre en considération: c'est la seule façon de vous dégager de l'intensité émotive qui vous affecte et vous prive de votre énergie.

Qu'est-ce qui vous retient ?

3. Montgolfière

Déceler les poids qui entravent projets, décisions et vie quotidienne et considérer des stratégies pour alléger l'humeur et s'aérer l'esprit, au travail, à la maison, en général.

1. Observation et analyse de l'illustration.

La montgolfière pourra-t-elle s'envoler avec tous ces poids qui la retiennent au sol? Il est évident qu'elle demeurera à terre ou qu'elle pourra tout au plus s'élever péniblement de quelques mètres. Pensez à tous les projets auxquels vous n'avez pas donné suite, à tous les gestes et les attentions que vous n'avez pas offerts à ceux qui vous entourent parce que certaines de vos limites ou des empêchements mineurs sont venus lester vos intentions, brimer vos désirs et entraver vos actions.

2. Interprétations à explorer.

maîtrise de sol

La crainte d'être rejeté altère parfois notre spontanéité dans nos relations interpersonnelles, et la hantise de ce que les autres vont dire ou penser peut même finir par dissoudre totalement le plaisir des contacts humains. Combien de fois les scénarios que vous avez imaginés au moment d'entrer en contact avec telle ou telle personne vous ont paralysé, bloquant votre facilité d'expression, vous donnant bientôt l'impression — puis la certitude — d'être en décalage complet et de ne pas parvenir à interagir simplement avec l'autre? Ou peut-être êtes-vous l'un de ces enfants qu'un parent extrêmement critique est parvenu à convaincre qu'il ne valait rien, qu'il était maladroit et incapable? Peut-être avez-vous intériorisé la voix de ce parent ou d'une personne qui a été extrêmement sévère à votre égard (à l'école, au travail, dans votre famille élargie) et que les commentaires de cette voix viennent s'interposer entre vous et le monde extérieur? L'un des moyens pour surmonter votre timidité est de vous obliger, lorsque quelqu'un vous interpelle ou qu'il est temps de répliquer à ses propos, à prendre la parole avant d'avoir compté jusqu'à trois, sous peine de recevoir un choc électrique! Prenez le temps de vous convaincre du fait que vous recevrez réellement ce choc afin d'installer le réflexe de prendre la parole et de lâcher votre lest. Vous vous étonnerez vous-même de l'à-propos de vos reparties et de votre capacité à «être en phase» avec l'autre, en constatant que la seule différence entre des contacts harmonieux et spontanés ou dissonants et en perpétuel décalage réside dans la confiance que vous vous accordez.

Prenez le temps d'évaluer, sur une échelle de 0 à 10, votre sentiment à l'égard de votre vie actuelle, 10 représentant un degré de satisfaction maximal sur tous les plans et 0 étant, dans l'ensemble, extrêmement pénible et lourd. Peu importe le chiffre que vous obtenez, décelez les aspects positifs, ceux qui vous semblent bien fonctionner. Par exemple, si vous avez estimé à 4 votre degré de satisfaction, que représente ce 4? Comment pourriez-vous obtenir quelques points supplémentaires? Une partie de la réponse consiste fort probablement à vous délester de certains des poids que vous traînez partout avec vous, des limites que vous vous imposez en entretenant des soliloques contre-productifs et fondamentalement destructeurs: «Je ne peux pas parce que je n'ai pas d'argent»; «Je suis trop vieux pour ça»; «Il n'y a pas de travail pour personne, de toute façon»; «Je ne suis pas bon à l'école». Une autre partie de la réponse à cette question est de vous rappeler que la montgolfière a besoin d'un gaz plus léger que l'air pour pouvoir quitter le sol, de la même manière que vous avez besoin de fréquenter des gens stimulants (et non des personnes qui vous écrasent ou vous épuisent) ou peut-être de suivre une formation professionnelle complémentaire qui renouvellerait votre enthousiasme et votre confiance au travail (plutôt que de déplorer ne pas disposer de certains outils qui allégeraient votre tâche), ou encore d'entrer en contact avec des personnes-ressources afin d'arriver à considérer vos problèmes ou vos interrogations selon une autre perspective, ou plus simplement de prendre du repos et de faire de l'exercice régulièrement.

Ces dernières années, le monde du travail change de plus en plus rapidement et de façon importante. Ainsi, plus de 40 % des travailleurs d'aujourd'hui exercent dans la nouvelle catégorie du travail autonome, un secteur d'« auto-emploi » qui serait appelé, selon tous les spécialistes, à prendre encore plus d'expansion. Évidemment, plus la personne assume de responsabilités, plus ses appréhensions risquent de se multiplier et d'agir comme un frein. Quels sont les poids qui, comme ceux qui empêchent la montgolfière de s'envoler, entravent le libre cours de votre audace et de votre créativité dans votre travail ? Déterminez non seulement trois des poids qui vous lestent et alourdissent votre vie professionnelle, mais trouvez également pour chacun au moins deux stratégies à mettre en œuvre au cours des deux prochaines semaines pour limiter l'effet néfaste de ces contraintes.

Un petit truc pour limiter les dépenses superflues

Voici ce qu'une dépensière compulsive a utilisé comme « grand moyen » pour parvenir à se défaire de sa mauvaise habitude. Comme, la plupart du temps, elle n'y pensait qu'après coup, une fois la dépense faite, elle décida de garder le moins d'argent possible sur elle et de ficeler sa carte de crédit avec un ruban rouge, pour se rappeler ses bonnes intentions avant de payer la caissière. La vue de sa carte de crédit ainsi présentée la ramenait à ses résolutions d'épargne et lui donnait une deuxième chance de réfléchir à l'importance de son achat, lequel, bien souvent, ne s'avérait pas indispensable. Elle a ainsi réussi à améliorer significativement son contrôle sur la gestion de ses finances. Essayez-le, vous verrez bien !

4. Réparations

Trouver les réparations à apporter aux relations amicales, familiales ou amoureuses.

1. Observation et analyse de l'illustration.

Il s'avère tout à fait normal, voire souhaitable, de réparer ponctuellement certains éléments défectueux de notre vie. Lorsque l'un de ces aspects se détériore, nous avons deux possibilités : se désoler en contemplant l'ampleur des dégâts ou décider d'agir en réglant ce qui nécessite un ajustement.

2. Interprétations à explorer.

Avez-vous l'impression que toutes vos relations interpersonnelles, qu'elles soient amicales, sociales ou professionnelles, sont en bon état ? Il n'est pas nécessaire de vivre des conflits ouverts ou une guerre de tranchée avec votre voisin pour que cette dimension de votre vie soit affectée : il suffit parfois d'une remarque qui laisse un goût amer, d'une certaine froideur, d'un malaise soudain à être ensemble. Il est important de réparer dès que possible, de vérifier ce que les paroles ou le geste qui vous troublent signifient vraiment afin de rétablir une bonne communication ou, encore, de prendre vos distances si vous vous rendez compte que la relation n'est pas équilibrée, que vous donnez beaucoup plus que vous ne recevez et que vous en avez assez de cette situation. Quelles sont les relations que vous devez réparer ? L'une des meilleures façons d'agir, dans ces cas délicats de réparation d'amitié, est de se fixer une échéance, de déterminer tout d'abord quand et comment intervenir : donnez-vous jusqu'à telle date pour avoir une bonne discussion avec l'autre et choisissez, d'ici là, le moment le plus approprié (lorsque vous êtes seuls et savez que vous ne serez pas dérangés). Au cours de la discussion, commencez par utiliser le « je » en reconnaissant vos torts avant de parler des siens et tenez compte de ce que l'autre a pu vivre ou de la façon dont il a pu interpréter votre attitude.

Le temps que vous passez en couple et en famille est-il défectueux ? A-t-il besoin d'ajustements ? Votre horaire doit-il être « réparé » ? Comment utilisez-vous le temps dont vous disposez pour ces dimensions importantes de votre vie ? Il est tout à fait normal que cet aspect doive régulièrement être mis au point si vous faites partie de la moyenne des gens qui ont à se diviser entre les tâches domestiques et l'entretien de la maison, les exigences du travail, les besoins du couple et ceux des enfants, les engagements sociaux et familiaux, etc.

Vous devez prévoir des moments spécialement réservés au couple afin de vous retrouver régulièrement et de prendre plaisir à ces escapades (n'attendez pas de n'avoir plus rien à vous dire !). Vous pouvez même dresser un calendrier de vos rencontres en prenant le temps, à chaque saison, de planifier des plages de temps, ne serait-ce qu'une soirée, pour vous deux à l'extérieur de la maison : vous verrez rapidement que l'investissement dans cet agenda du couple en vaut vraiment la peine.

En famille, parvenez-vous à vous accorder des moments plaisants où vous décidez délibérément de vous amuser ensemble ? Que dites-vous de l'idée de prévoir du temps pour… prendre le temps ? Le rituel du moment particulier[1] permet de cultiver ce temps, d'améliorer la qualité de vos rapports et d'atténuer les rivalités, puisqu'une ou deux fois par semaine (selon votre convenance) vous réservez cinq, dix ou quinze minutes à un seul de vos enfants, pour parler, pour vous faire des câlins, etc.

---

[1] Vous trouverez tous les détails de cette technique dans mon livre *100 trucs pour améliorer vos relations avec les enfants.*

5. Savoir doser

5. Savoir doser

Évaluer les conséquences des surinvestissements affectifs, amicaux et professionnels. Apprendre à doser énergie et attention, au travail et dans les relations interpersonnelles.

1. Observation et analyse de l'illustration.

Les intentions de la dame de l'illustration sont sans doute excellentes, mais ses connaissances en horticulture s'avèrent pour le moins déficientes : à tant arroser une plante, il en résulte un pourrissement des racines qui la fait mourir. Vous arrive-t-il, dans vos relations avec les autres (personne aimée, enfant, amis), de donner tellement que vous parvenez à un résultat similaire, en obtenant exactement l'inverse de ce que vous souhaitiez ?

2. Interprétations à explorer.

parents enfants

Les enfants ont besoin de limites tout comme ils ont besoin d'être responsabilisés en réalisant eux-mêmes certaines tâches dont ils peuvent s'acquitter afin de développer leur sentiment de confiance et d'assurance. Évidemment, lorsqu'il est en cours d'apprentissage, l'enfant est malhabile et l'accomplissement d'une tâche, quelle qu'elle soit, lui prend du temps ; à court terme, il peut paraître plus facile au parent — et s'avérer plus rapide et efficace — d'effectuer le travail dévolu à l'enfant. Toutefois, dans ces circonstances, ce dernier ne parvient pas à développer les habiletés qu'il devrait maîtriser, ce qui nuit tôt ou tard à l'estime qu'il a de lui-même. Avez-vous tendance à « arroser » un peu trop vos enfants, à leur en donner plus que nécessaire, à en faire beaucoup pour eux — et à le faire à leur place ? Une façon d'évaluer si votre attitude est infantilisante pour votre enfant est de vous poser les questions suivantes : Est-ce que les autres adultes éprouvent de la difficulté à être avec lui ? Pouvez-vous lui refuser une demande sans que cela provoque d'interminables crises ? A-t-il tendance à la procrastination ou se défile-t-il lorsque vous lui confiez une tâche ? Si oui, vous en faites probablement trop pour lui et il serait temps de cesser de pourrir les racines de votre enfant avant qu'il devienne irrécupérable.

habiletés sociales

Tout le monde répugne à dire non, mais certains ont plus de mal que d'autres à refuser de rendre le service ou de donner le coup de main demandé parce qu'il leur fait vraiment plaisir de prendre soin des autres et de veiller sur leur bien-être. Généralement très appréciées de leurs amis et de leurs relations, ces personnes finissent toutefois par se rendre compte que les autres les utilisent sans nécessairement leur apporter le soutien dont elles auraient elles-mêmes besoin. Si vous avez ainsi l'impression que personne ne vous offre la réciproque, c'est peut-être que vous avez appris à vos amis que vous ferez tout pour eux sans jamais rien leur demander. Si vous persistez à leur envoyer ce message, à long terme, vous finirez par avoir le sentiment que l'on abuse de vous et que vous ne valez pas grand-chose, puisque personne ne prend la peine d'être à l'écoute de vos propres besoins. Il serait plus profitable, tout en continuant d'apporter de l'attention à vos amis, de doser votre apport à la relation de façon plus équilibrée en l'arrosant, mais raisonnablement, par exemple en espaçant vos rencontres.

travail

Peu importe le métier ou la profession, on retrouve partout des employeurs excessivement exigeants, qui cherchent à repousser constamment les limites de leurs employés en les surchargeant de travail. Certaines circonstances extérieures peuvent également induire une charge de travail plus élevée, soit que des délais de production trop courts obligent à donner un coup de collier supplémentaire, soit qu'un manque d'argent pousse quelqu'un à assurer plus d'un emploi à la fois pour joindre les deux bouts. Les risques de disparaître dans le travail sont décuplés dans ces cas, d'autant plus lorsque l'on tend à être consciencieux et perfectionniste. Si l'arrosoir représente toute votre énergie, avez-vous l'impression d'en vider tout le contenu au travail ? Dans l'affirmative, des mesures s'imposent pour corriger rapidement la situation, avant que vos racines commencent à en souffrir et que vous viviez un épuisement professionnel. Quel pourcentage d'eau de votre arrosoir d'énergie devriez-vous investir au travail pour atteindre un meilleur équilibre ?

6. Décoration

6. Décoration

Améliorer son cadre de vie extérieur et intérieur. Prendre conscience de l'influence directe du milieu environnant sur l'état d'esprit. Agir sur son espace de vie.

1. Observation et analyse de l'illustration.

Nous ne sommes pas toujours conscients de l'importance du décor dans lequel nous vivons. Un nouvel appartement ou une nouvelle maison sans tableaux, sans bibelots, sans plantes, sans rideaux ont rapidement un effet démoralisant. De la même manière, notre vie personnelle doit recevoir notre touche, notre couleur particulière, et doit être aménagée pour être confortable et accueillante.

2. Interprétations à explorer.

Lequel d'entre vous s'occupe de la décoration de votre couple, introduisant de la nouveauté, de la créativité, des sorties-surprises, de l'humour, des petits plats différents, de nouvelles positions en amour? Si ni l'un ni l'autre n'accorde d'attention à cet aspect de votre vie, votre couple en souffre de façon certaine et il vous est sans doute difficile d'évaluer votre satisfaction globale à plus de 5 sur 10. Comment pourriez-vous créer, innover, apporter de la couleur dans votre vie à deux? De la même manière qu'une toile n'apparaît pas sur un mur si personne ne l'a choisie, ne lui a trouvé l'emplacement idéal et n'a fixé de clou, le couple et la famille ne s'embellissent pas d'eux-mêmes: il faut y mettre temps et énergie pour faire de ces relations des espaces où il fait bon se retrouver ensemble et partager nos joies et nos peines. Quels seraient trois éléments de décor que vous pourriez offrir à votre couple au cours des deux prochaines semaines (comme préparer un souper spécial, goûter un nouveau vin, faire une longue promenade, prendre le temps de se faire deux câlins par jour, augmenter les sourires et les clins d'œil complices)?

Nous laissons parfois nos décorations dans leur boîte d'origine, en oubliant de les utiliser pour égayer un extérieur morne et sans relief. C'est ce qui se produit par exemple lorsque, en présence des autres, vous évitez de donner votre opinion, vous ne montrez jamais vos réalisations, vous retenez vos rires, vous ne portez pas les vêtements dont vous raffolez parce que vous craignez les critiques. Prenez le temps de réfléchir à tous ces éléments qui enrichiraient votre quotidien si vous les sortiez de leur emballage, qui vous donneraient de l'enthousiasme et embelliraient tous les aspects de votre vie. Prenez quelques instants pour faire la liste de vos forces, de vos qualités et de vos aptitudes, et n'hésitez pas à leur faire de la place dans votre vie: celle-ci n'en sera que plus éclatante et plus belle.

Dans votre milieu de vie, au travail ou à la maison, avez-vous apporté votre touche personnelle? Vous êtes-vous approprié votre espace? Notre comptable intérieur fait des additions et des soustractions au centième de seconde, évaluant constamment ce qui parvient à nos sens: sur le plan neurophysiologique, on a découvert que 60 % des informations qui parviennent au cerveau proviennent du sens de la vue. Nous subissons donc à notre insu une influence directe du milieu qui nous entoure; des études ont d'ailleurs fait ressortir que tout ce qui nous touche de façon inconsciente (les éléments de notre environnement, les messages non verbaux d'une conversation, etc.) imprègne plus facilement notre mémoire. L'importance d'accorder à notre espace quotidien une attention particulière pour le rendre agréable et chaleureux procède donc d'une donnée biologique avec laquelle il est préférable de composer — d'autant plus qu'il est relativement simple de le faire.

7. Sac à souvenirs

7. Sac à souvenirs

Retrouver l'intensité et l'énergie du bonheur. Recontacter les ressources positives qui sont enregistrées dans nos réseaux mnémoniques. Favoriser l'inscription de souvenirs heureux pour l'avenir.

1. Observation et analyse de l'illustration.

Chacun de nous possède un bagage de souvenirs qu'il porte à l'intérieur de lui, qui l'habite et qui agit sur ses perceptions de la réalité comme un filtre : la façon dont vous lisez ce livre présentement est déterminée par ce que vous avez déjà vécu et enregistré. Si vous avez appris et retenu que, pour être valable, un exposé doit être très théorique, ce livre vous agacera probablement et vous ne le prendrez pas au sérieux ; si, au contraire, on vous a appris à être très concret, voire « terre à terre », vous l'adorerez sans doute. Votre façon d'être et de vivre votre quotidien dépend des expériences que vous avez vécues et des messages que vous avez reçus. Certains de ces enregistrements sont très positifs et peuvent être réactivés, avec tous leurs bénéfices : puisque notre cerveau ne fait pas de distinction entre un moment que l'on vit pour la première fois et le souvenir de cet événement, nous pouvons nous administrer, au besoin, des doses d'endorphine en réveillant d'agréables souvenirs inscrits dans nos circuits neurologiques. En effet, les études démontrent que lorsque vous reprenez contact avec ce genre de mémoire positive, vous recevez une dose d'endorphines équivalente à celle que vous avez reçue lors de l'enregistrement initial. Les souvenirs contiennent beaucoup plus que des mots : un souvenir possède des ramifications dans tous nos systèmes sensoriels et il est faux de croire qu'un objet ne peut réveiller que des images ou des sons. Ainsi, vous disposez de plusieurs canaux pour accéder à votre sac à souvenirs heureux.

2. Interprétations à explorer.

maîtrise de soi

Une personne qui traverse une période émotivement difficile, à la suite d'une maladie, d'un deuil, d'une grande fatigue, etc., manque habituellement d'énergie pour faire des activités qui lui permettraient de s'aérer et de se ressourcer. Quels sont vos souvenirs heureux ? Que faisiez-vous, dans votre jeunesse, pour retrouver de l'affection, de la tendresse, du réconfort, de la sérénité, de la légèreté et des éclats de rire ? Chacune de nos portes sensorielles donne accès à nos circuits mnémoniques qui peuvent être directement réactivés : y a-t-il des plats de votre enfance que vous aimiez particulièrement à l'époque et que vous associez au bien-être en famille, à la sécurité ? Il vous serait peut-être possible de vous cuisiner certains de ces plats (ou de demander à votre mère, votre sœur ou votre frère de le faire) ? Sur le plan olfactif, vous rappelez-vous certains parfums associés à des personnes que vous aimiez (celui que portait votre premier amour), certaines odeurs florales ou végétales qui vous ramènent directement à la fraîcheur, à la naïveté et à la joie de vivre des années d'insouciance ? Sur le plan visuel, des photos ou des objets symboliques vous permettraient également de reconnecter avec vos expériences passées, par exemple en revoyant la maison de votre enfance ou en reprenant contact avec une personne chère du passé. Vous pouvez encore solliciter de doux souvenirs auditifs, en vous répétant certains mots affectueux qui vous ont été offerts, comme votre surnom ou un compliment de votre grand-mère.

Les souvenirs s'avèrent ainsi des ressources très précieuses qui vous permettent d'effectuer des « dépôts » dans votre compte d'énergie. Lorsque vous êtes fatigué, que tout vous pèse et vous énerve, demandez-vous s'il y a eu plus de retraits que de dépôts qui ont transité dans votre compte de vitalité. Tentez l'expérience d'une séance de remémoration en évaluant d'abord votre niveau de stress ou de fatigue (sur une échelle de 0 à 10), puis en vous réservant une période intensive de remémoration ; prenez vraiment le temps de retrouver les goûts, les couleurs, les odeurs, le timbre des voix entendues et les sensations de votre corps associées au bon souvenir ; portez attention au calme qui vous envahit et, surtout, ne craignez pas de vous y abandonner. À la suite de cet exercice, il ne vous sera sans doute pas nécessaire de réévaluer votre taux de stress et de frustration !

Les souvenirs ne sont pas seulement utiles de façon rétrospective ; ils peuvent également être mis à contribution de manière prospective, lors de la création de rituels qui auront par la suite des fonctions de ressourcement. Il est possible de déposer volontairement des expériences dans votre sac à souvenirs afin d'avoir accès à ces bons moments lors des périodes plus difficiles ou plus froides de votre vie amoureuse. Les occasions spéciales que vous planifiez et que vous vous offrez mutuellement ont non seulement une valeur immédiate, au moment même où vous vivez une expérience, mais elles ont en outre une valeur de dépôt au compte conjoint. Prenons l'exemple d'un séjour annuel dans une auberge, toujours la même, pour souligner votre anniversaire de rencontre, de mariage ou de début de vie à deux : en retournant toujours au même endroit, année après année, vous profitez ainsi du temps passé ensemble en ce moment présent tout en retrouvant, de surcroît, les émotions et l'intensité de tous les séjours que vous y avez faits. Évidemment, puisqu'il s'agit d'un geste délibéré pour entretenir la qualité de votre relation, maintenant et dans l'avenir, il est particulièrement important de fournir le plus d'efforts possible pour rendre ce séjour agréable et d'éviter les commentaires désobligeants et les fausses notes.

Personne ne peut vous faire sentir inférieur sans votre consentement.

Eleanor Roosevelt

8. Appareil photo

8. Appareil photo

Remettre en contexte des événements marquants. Élaborer des stratégies pour mieux s'insérer dans un nouveau milieu de travail.

1. Observation et analyse de l'illustration.

Ce qu'il y a de magique avec les appareils photos, c'est qu'ils permettent de conserver des images précises des bons moments que l'on a vécus, des preuves tangibles de l'existence de ces instants heureux ou malheureux dont on voulait conserver le souvenir. En revanche, les photographies ne fixent qu'une infime partie de l'expérience vécue : elles ne contiennent pas tout l'événement, mais n'immortalisent qu'une fraction de seconde — qui n'est pas toujours représentative de l'ensemble et où nous ne sommes pas toujours à notre avantage (un œil fermé, la bouche ouverte, le sourire fané, etc.).

2. Interprétations à explorer.

habiletés sociales

Nous enregistrons tous profondément certaines séquences de notre vie, plus chargées émotivement que les autres, qu'elles soient positives ou négatives (une scène qui nous a blessés, qui nous a fait rire, qui nous a touchés), sans toujours tenir compte du fait qu'elles ne représentent pas l'ensemble de l'événement ou de la relation. L'exemple le plus parlant de ce phénomène est sans nul doute l'attitude du nouvel amoureux complètement obnubilé par l'objet de son amour, idéalisé au point d'être méconnaissable. Si vous faites l'inventaire de vos relations régulières (amicales, amoureuses, familiales, professionnelles ou sociales), qu'avez-vous tendance à photographier le plus spontanément ? Quels types de séquences retenez-vous le plus souvent ? Êtes-vous porté à revoir surtout les bonnes ou les mauvaises photographies ? Il vaut parfois la peine d'aller vérifier auprès de l'autre et de comparer les photographies que vous avez prises d'une discussion particulière ou de vos rapports en général : partez du principe que vos clichés et ceux de l'autre sont également valides, qu'ils reflètent vos perceptions respectives et que l'écart n'exprime que la différence de vos points de vue sur un même sujet.

travail

Toute personne qui commence un nouveau travail rêve de posséder un appareil photo très sophistiqué qui puisse prendre des clichés au centième de seconde afin de tout enregistrer ce qu'on attend d'elle. Or, il est rare qu'au moment où quelqu'un arrive dans un nouveau milieu, il sache faire exactement ce pour quoi il a été choisi. La meilleure stratégie à développer dans ce cadre est de vérifier la qualité des photographies que vous prenez (L'information est-elle juste ? Est-elle complète ? Devrais-je recevoir d'autres instructions ?) et, surtout, d'aller chercher celles qui vous manquent et qui contiennent l'information que vous n'avez pu retenir ou qui ne vous a pas été donnée. S'il vous manque des clichés de la tâche que vous devez accomplir, vous n'avez qu'une vision parcellaire de votre mission et en éprouverez sans nul doute un sentiment d'anxiété diffuse. C'est fort probablement votre cas si vous vous surprenez à vous poser ce genre de questions : « Qu'est-ce que je dois faire exactement ? » ; « Qu'est-ce qu'on attend de moi ? » ; « Est-ce que j'aurais dû le savoir ? » ; « Est-ce que je dois deviner ou quoi ? ». Vous pouvez utiliser cette métaphore pour aborder le problème avec votre employeur ou collègue, en reconnaissant tout d'abord que vous êtes bien conscient que votre travail ne répond pas à ses attentes, que cette situation est plus qu'inconfortable, mais que la quantité et la qualité des photographies de votre mission sont inadéquates et que vous ne parvenez pas, dans ces conditions, à remplir votre mandat. Vous pourrez ainsi clarifier votre situation professionnelle de façon objective, en exposant clairement le problème et en indiquant déjà une piste de solution pour le résoudre.

9. Direction du regard

9. Direction du regard

Porter consciemment et volontairement son regard vers l'avenir en se dégageant des traces néfastes du passé. Agir sur le présent pour mieux maîtriser son avenir. Rompre avec un présent qui s'impose comme un simple prolongement du passé et non comme une construction consciente et équilibrée.

1. Observation et analyse de l'illustration.

Décrivez tous les éléments de l'illustration : la jeune femme offrant une fleur, dans une campagne ensoleillée et fleurie où volent un papillon et quelques oiseaux, alors que l'attention de l'homme à qui elle s'adresse se maintient vers l'arrière, vers un tas de détritus dans un terrain désolé, menacé par des nuages.

2. Interprétations à explorer.

maîtrise de soi

Plusieurs personnes perdent beaucoup de temps à regarder derrière elles et ne parviennent plus à se détacher d'un état de colère, de rage, de déception, de peine ou d'amertume. Il est indéniable que notre passé nous affecte dans le présent, puisque ce que nous n'avons pas reçu nous fait défaut aujourd'hui. Est-ce une raison valable pour rater notre présent ? Si vous acceptez que votre passé détermine votre présent, cela implique aussi que votre présent déterminera votre futur. Si d'autres personnes ont été et sont encore responsables de votre passé, vous êtes le seul responsable de la façon dont votre passé contamine votre présent et influence votre avenir. Quelles sont les parties de votre passé qui vous ont fait mal ? Quelles sont les personnes qui vous ont blessé ? Auprès de qui pouvez-vous aller chercher maintenant le soutien dont vous aviez besoin et que l'on n'a pas su vous apporter ? L'erreur la plus fréquente est en effet de rechercher la reconnaissance, l'attention et l'affection auprès des personnes du passé — souvent les parents — qui ont pourtant échoué à vous les donner. Puisque la situation est déjà perdue d'avance (en ce sens qu'aujourd'hui, comme dans le passé, ces personnes ne savent, ne peuvent ou ne veulent pas répondre à vos besoins), pourquoi ne pas en faire le deuil et trouver plutôt dans votre présent des personnes chaleureuses, bienfaisantes et qui peuvent répondre à vos besoins affectifs ou vous transmettre des enseignements concrets ? Cette attitude vous permettra de commencer à regarder plus souvent vers l'avant et de voir comment le présent et l'avenir contiennent des événements heureux, des relations humaines saines et bénéfiques, des projets passionnants, etc.

Vous êtes le seul maître de votre présent : tentez l'expérience de vous prouver à vous-même que vous êtes non seulement capable de réaliser des choses, mais que vous maîtrisez votre destinée. Passez à l'action en commençant à développer votre réseau social, à faire de l'exercice régulièrement, à vous fixer un certain nombre de démarches à effectuer au cours des prochaines semaines pour améliorer vos conditions actuelles au travail ou pour rentabiliser votre recherche d'emploi. Vous découvrirez bien vite que ce que vous semez aujourd'hui produira des résultats tangibles dans un avenir rapproché ; rappelez-vous que si vous êtes parvenu là où vous êtes, c'est que vous possédiez la force d'y arriver. Vous maîtrisez déjà un bagage d'outils qui peuvent vous servir à semer, aujourd'hui, pour demain.

Pour pouvoir bien vivre votre présent, il faut avoir fait la paix avec votre passé. Faire la paix avec son passé n'implique pas que vous exigiez de recevoir des excuses de la part de ceux qui vous ont blessé, qui ont abusé de vous ou qui n'ont pas su vous aimer ; cela signifie plutôt qu'il vous faut reconnaître qu'ils ne pouvaient vous donner plus que ce qu'ils ont donné, que ces circonstances ont fait en sorte qu'il vous manque aujourd'hui certains outils pour faire face à la vie et que vous devez maintenant chercher à les développer. Commencez par vous demander ce que ces expériences malheureuses ont su vous apporter et interrogez-vous sur les aspects positifs que vous pourriez en retirer afin de construire un présent porteur d'avantages et de bénéfices pour votre avenir.

Nos relations actuelles, avec les enfants notamment, sont très souvent «polluées» par ce que nous avons vécu dans notre propre passé. Il est difficile, pour un parent, de ne pas se reconnaître dans son enfant: s'il est timide à l'école, c'est que sa mère était elle aussi timide; s'il éprouve des difficultés en classe, c'est bien qu'il est le fils de son père, etc. Dans cette perspective, bien des parents ne voient la vie de leurs enfants que comme la reproduction de leur propre destinée. Il y a là, évidemment, un piège, tant pour le parent, qui demeure prisonnier des émotions de son enfance et les revit par procuration sans pouvoir les dépasser, que pour l'enfant, qui ne perçoit pas son identité propre tant on lui dit que son tempérament, ses attitudes, ses façons de réagir et ses comportements sont déterminés par ceux de son parent. Or, votre enfant n'a pas à être le support passif de votre passé. Prenez tout d'abord conscience qu'au-delà de ressemblances parfois frappantes sur le plan du caractère ou du comportement, votre enfant ne peut revivre votre itinéraire de vie, avec les mêmes échecs et les mêmes réussites: votre garçon ou votre fille est une personne totalement différente de vous, qui vit à une époque différente de la vôtre, pleine de réalités parfois fort éloignées de celles que vous avez connues à son âge, et qui a besoin de se sentir unique et d'être apprécié pour ce qui le rend différent de tout autre. Votre expérience est importante pour votre enfant, car elle lui sert de point de comparaison lui permettant de comprendre ce qu'il ressent («Il est normal d'avoir peur dans certaines circonstances; moi-même, tu sais, j'ai eu peur comme ça quand j'avais ton âge!»); toutefois, vous devez absolument éviter de lui laisser penser que vous avez vécu exactement tout ce qu'il vit maintenant et que rien de ce qu'il expérimentera ne vous est inconnu.

Pour vous aider à garder à l'esprit la différence qui existe entre vous et votre enfant, trouvez une façon de vous représenter l'un et l'autre, par exemple à l'aide de deux figurines découpées à afficher, l'une plus grande habillée en rouge et noir et l'autre, plus petite, habillée en noir et rouge. Vous pouvez encore chercher une image qui représente ce que vous préfériez de votre enfance en demandant à votre enfant de trouver lui aussi une représentation d'un objet qu'il affectionne particulièrement: conservez ces deux symboles dans un endroit visible de la maison, afin qu'ils vous servent de rappel de vos différences.

Le vieux mulet qui devait mourir

Il était une fois un fermier qui possédait un vieux mulet. Un jour, le mulet tomba au fond du puits et le fermier l'entendit le supplier de venir le secourir.

Après avoir soigneusement étudié la situation, le fermier compatit un moment avec son mulet, mais décida que ni le mulet ni le puits ne valaient la peine qu'il fasse l'effort de les sauver. Il appela donc tous ses voisins, leur raconta ce qui s'était produit et les engagea afin de l'aider à transporter puis jeter suffisamment de terre dans le puits pour enterrer son vieux mulet — et régler ainsi son problème.

Au début de l'opération, le mulet était carrément hystérique ! Mais tandis que le fermier et ses voisins pelletaient et que la terre heurtait son dos, une idée le frappa soudainement. Il lui vint à l'esprit que chaque fois qu'une pelletée de terre atterrissait sur son dos, il pouvait la secouer, la faire tomber et monter dessus ! C'est ce qu'il fit, pelletée de terre après pelletée de terre. « Secoue-la et monte dessus... Secoue-la et monte dessus ! » répétait-il pour s'encourager.

Sans se préoccuper de la douleur des coups sur son dos, et aussi affligeante que lui parût sa situation, le vieux mulet combattit sa panique et continua à secouer la terre et à monter dessus.

Il ne fallut pas longtemps avant que le vieux mulet, perclus et complètement épuisé, parvienne enfin à se tenir triomphalement sur la margelle du puits ! Ce qui devait l'enterrer vivant s'avéra être précisément ce qui le sauva... grâce à sa façon de réagir à son infortune.

Ainsi va la vie ! Si nous faisons face à nos problèmes et que nous décidons de les résoudre de façon constructive, en refusant de céder à la panique, à l'amertume ou à l'apitoiement sur nous-mêmes, alors... nous verrons comment les catastrophes qui « devraient » nous engloutir contiennent le plus souvent en elles-mêmes le potentiel de tourner à notre avantage. Ne craignez jamais de tenter quelque chose de nouveau.

10. Pot rempli

10. Pot rempli

Donner priorité à ce qui doit prendre la meilleure place dans notre vie, choisir ce à quoi l'on désire accorder le plus d'énergie.

1. Observation et analyse de l'illustration.

Un professeur se présente avec un pot transparent de quatre litres comportant une large ouverture sur le dessus. Il dépose délicatement une à une plusieurs grosses pierres dans le pot et le remplit jusqu'au bord supérieur. Il demande alors à ses étudiants si le pot est plein, ce à quoi ils répondent, évidemment, oui. Mais le professeur prend ensuite un autre contenant qui était resté sous la table, rempli de petites pierres qu'il verse dans le pot où elles s'insèrent entre les plus grosses. À nouveau, le professeur demande à son audience: «Pensez-vous cette fois qu'il est plein?» «Non», répond le groupe, qui n'allait quand même pas se faire avoir deux fois de suite. Et le professeur y ajoute encore un grand contenant de sable et un autre d'eau, de manière à remplir le pot totalement. La morale de cette histoire? Lorsque l'on ne dépose pas les grosses pierres en premier lieu, il n'y a plus d'espace pour elles par la suite. Il faut donc reconnaître quelles sont les priorités de notre vie avant d'ajouter des activités ou des relations qui viendraient en retarder ou en empêcher la réalisation.

2. Interprétations à explorer.

travail

Quelles sont vos priorités au travail? Comment organisez-vous votre horaire? Vous sentez-vous débordé? Si oui, évaluez si vous accordez le meilleur de votre temps à des petites tâches ou à des mandats plus importants, qui exigent plus d'énergie, d'attention et de concentration. L'ordre dans lequel vous effectuez les différentes occupations exigées par votre travail devrait respecter votre propre courbe d'énergie et de disponibilité d'esprit. Il n'est pas obligatoire de commencer par le travail le plus exigeant sur le plan de la réflexion si vous avez de la difficulté à bien fonctionner le matin: effectuez plutôt des tâches dont vous pouvez vous acquitter sur un mode semi-automatique et réservez le travail plus «costaud» à vos meilleures heures de concentration.

divers

Votre vie contient également de petites et de grandes choses que vous désirez accomplir: il est frappant de voir comment les patients des soins palliatifs, pour qui le temps est compté et dont on pressent la fin à brève échéance, examinent leur pot et regrettent bien souvent l'absence de certains projets qui leur tenaient vraiment à cœur mais qu'ils n'ont pu mener à terme parce qu'ils se sont laissé prendre par d'autres occupations, souvent moins importantes. Qu'en est-il de votre pot? Est-il rempli de petites pierres (faire l'épicerie, le ménage, régler les comptes, etc.) ou de réalisations plus importantes pour vous? Qu'est-ce qui vous serait essentiel? Changer d'emploi? Tenter des expériences de plein air ou de sport extrême? Faire des voyages? Demandez-vous si vous vous préparez à nourrir des regrets jusqu'à votre dernier souffle ou si vous pourrez alors éprouver le contentement d'une vie remplie de ce que vous avez souhaité connaître, découvrir, accomplir et léguer. Quel dosage de petites et grandes choses constituera alors l'histoire de votre vie?

11. Lecteur d'énergie

11. Lecteur d'énergie

Utiliser et gérer au mieux ses réserves d'énergie, là où il nous importe de les investir.

1. Observation et analyse de l'illustration.

Il existe maintenant sur le marché des piles qui disposent d'un lecteur d'énergie pour indiquer le degré de la réserve disponible. Vous pouvez ainsi mesurer en tout temps le niveau de charge de vos piles.

2. Interprétations à explorer.

maîtrise de soi

Chacun devrait évaluer régulièrement sa réserve d'énergie ; vous aussi. Vous possédez en effet un lecteur d'énergie qui vous permettra, si vous l'utilisez adéquatement et au bon moment, d'éviter de tomber complètement à plat et de voir vos niveaux d'énergie totalement épuisés sur les plans du travail, des relations amoureuses, amicales et familiales, et même de votre propre estime et de votre santé. Combien d'étoiles indique présentement votre lecteur d'énergie vitale ? La charge optimale étant de quatre étoiles, il vous faudrait éviter de descendre sous la barre des deux étoiles, moment où vous devriez alimenter votre réserve. Par ailleurs, comment utilisez-vous votre énergie ? Mettez-vous votre pile au service des autres uniquement ou réservez-vous une partie de cette énergie pour vous-même ? Que pouvez-vous faire pour réactiver votre charge ? La conscience de soi est un préalable à la confiance en soi : en connaissant votre degré d'énergie, là où son utilisation devient rentable et comment la renouveler, vous disposez des indications fondamentales pour ancrer votre confiance en vous. En effet, on se sent plus fort et sûr de soi quand on peut compter sur ses réserves d'énergie pour faire face à ses défis et lorsque l'on sait comment les régénérer au besoin.

divers

Nous avons tous rêvé, à un moment où l'autre de notre vie, de réaliser un grand projet ou d'accomplir un exploit, parfois pour nous-mêmes, mais trop souvent pour plaire à notre père ou à notre mère ou pour impressionner ceux qui nous sont chers. Bien que ces rêves ne nous appartiennent pas vraiment, nous continuons de les nourrir et de les poursuivre : vous vous surprenez peut-être ainsi à suivre une route tout en ayant le sentiment, au fond de vous, qu'elle ne vous intéresse plus et même qu'il vous pèse de continuer à y évoluer. Votre lecteur d'énergie peut vous permettre d'évaluer votre motivation réelle à l'égard de cette route : seuls des projets qui vous tiennent vraiment à cœur vous *donnent* de l'énergie tout autant qu'ils en requièrent. Si votre lecteur indique que vous êtes déficitaire, demandez-vous si vous avez vous-même choisi cette voie, en toute liberté, et s'il vous est vraiment essentiel d'y demeurer.

12. Alarme d'incendie

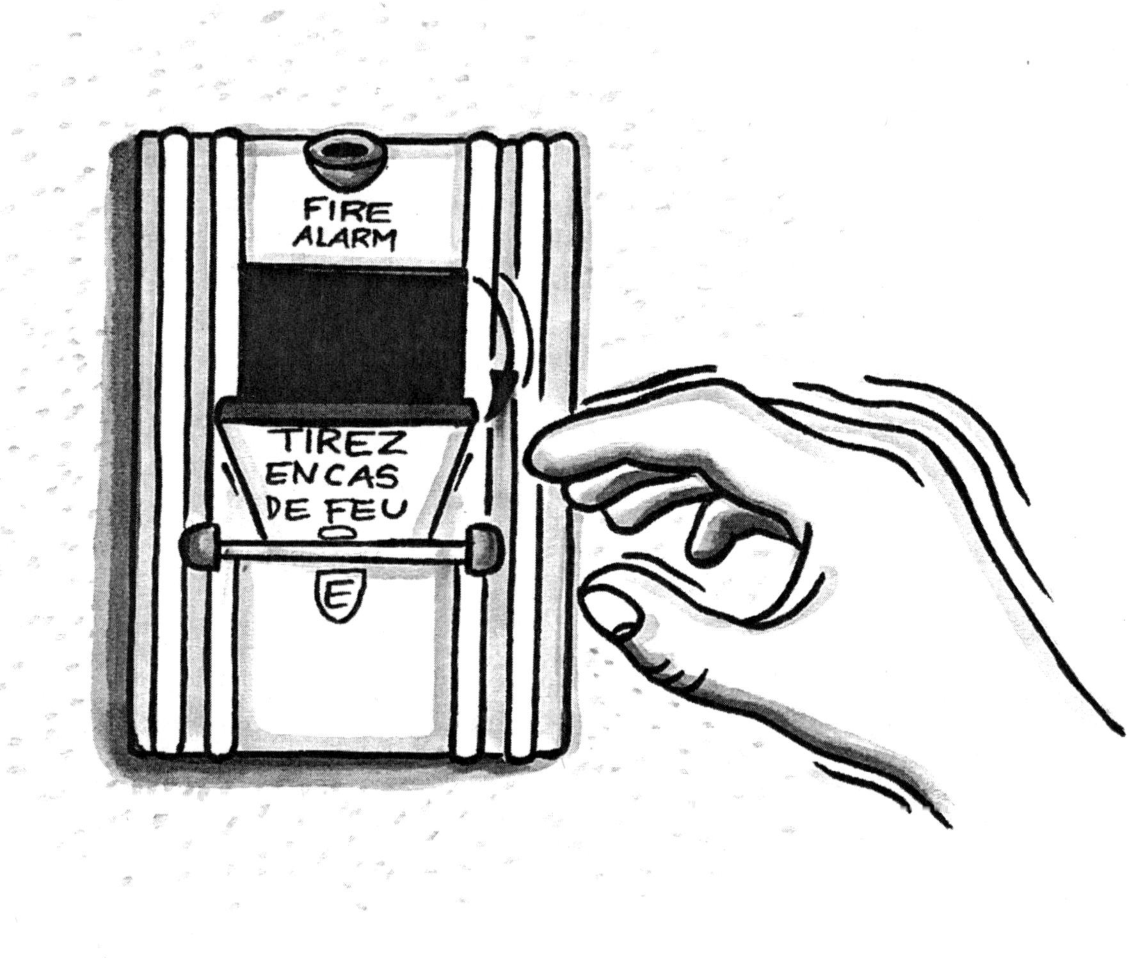

12. Alarme d'incendie

Installer des mécanismes d'alarme qui retentissent lors de situations critiques. Développer une stratégie de contrôle de ses comportements à risque.

1. Observation et analyse de l'illustration.

Les avertisseurs d'incendie doivent obligatoirement être installés dans tous les bâtiments publics ; d'ailleurs, certains services d'incendie municipaux inspectent régulièrement ces édifices pour s'assurer que la population est protégée par des appareils d'alerte adéquats. Ces alarmes peuvent sauver des vies, en permettant d'évacuer les personnes présentes dans un immeuble ou un édifice rapidement après que la naissance d'un incendie a été détectée et que le système a été enclenché.

2. Interprétations à explorer.

Un système d'alarme intérieur permet d'éveiller la conscience de leurs pulsions chez les personnes qui ont une tendance à la dépendance, soit à l'alcool, à la drogue, au jeu, au sexe, au sucre ou au travail. Il est possible de développer cette image en vous par des séances de relaxation où vous visualisez tout d'abord un avertisseur intérieur : voyez-le en détail, localisez-le dans votre corps (est-il situé au niveau du cœur, de la tête, des jambes ?) sans oublier de préciser sa couleur et sa taille. Imaginez ensuite des situations à risque et visualisez la partie saine de votre personne, celle qui détecte la naissance du comportement dépendant, en train d'actionner le levier de l'alarme. Vous devez impérativement vous exercer à entendre la sirène de l'avertisseur (de quel type est-elle : longue et stridente ? courte et intermittente ?) et ressentir sa force dans tout votre corps au point que vous n'ayez plus qu'une idée : fuir, évacuer, partir de cet endroit. Par la suite, en contexte de forte tentation, votre conscience pourra efficacement actionner cet avertisseur fabriqué sur mesure pour vous aider.

Si cela peut s'avérer utile, photocopiez l'illustration et portez-la sur vous : le seul fait de savoir qu'elle se trouve dans votre poche, votre portefeuille ou votre sac à main pourra vous aider à déclencher l'alarme, au moment où vous en aurez besoin. Si vous êtes joueur compulsif, vous devez vous interdire l'approche même des aires de jeux (casino, vidéopoker) et conserver la main sur le levier, prête à tirer à la moindre tentation afin d'éviter l'abattement, la désorganisation et la honte qui succèdent inévitablement aux phases de jeu. De la même manière, les alcooliques qui traversent une période de vulnérabilité devraient *absolument* éviter les situations favorisant la prise d'alcool : une invitation à la fête par un ami, une célébration soulignant le départ à la retraite d'un collègue de travail, etc., sont des occasions où il est extrêmement difficile de ne pas succomber. Il vaut sans doute mieux, pour un certain temps, réduire vos activités sociales afin de préserver des qualités optimales d'abstinence. Lors de phases où il vous est possible de voir quelqu'un consommer sans consommer vous-même, placez-vous en condition de résistance en mettant sous tension votre système d'alarme avant de sortir et demeurez vigilant : dès que vous sentez poindre le besoin de boire, faites retentir votre avertisseur intérieur pour vous forcer à sortir de cette situation qui, vous le savez très bien, ne vous apportera que des regrets amers et érodera votre estime de vous-même comme vos relations avec les autres.

Le quotidien de la vie en commun n'est jamais facile à vivre et génère nécessairement des tensions : quel que soit votre état de fatigue, de stress ou de découragement, vous devez néanmoins vivre avec les particularités et besoins des membres de votre famille. Deux appareils peuvent vous aider à affronter les tensions de façon efficace et sans trop perdre de votre énergie : un thermomètre pour évaluer votre propre état de réactivité aux comportements provocants des autres et, lorsque vous atteignez le point critique où vous risquez d'éclater, un système d'alarme à déclencher pour vous forcer à ne pas intervenir sur-le-champ. En effet, plus la tension monte, moins le moment est favorable pour régler une question : l'autre n'est pas réceptif et vous êtes personnellement trop à cran pour tenir un discours calme et raisonné. Vous pourrez revenir à la discussion du problème à tête reposée, après que l'alarme est passée, en choisissant le moment opportun pour expliquer à l'autre comment vous avez reçu et interprété son comportement à votre égard et réfléchir ensemble sur la manière d'éviter qu'une telle situation ne se reproduise.

13. Famille

13. Famille

Pour réévaluer les perceptions et jugements prédéterminés par des expériences passées. Pour interroger la pertinence de principes de vie inadéquats et s'en dégager.

1. Observation et analyse de l'illustration.

Que voyez-vous sur cette illustration? Selon le pays où vous avez grandi, vous n'interpréterez pas l'image de la même manière et vous verrez des choses différentes. Les Américains et Européens y voient une famille à l'intérieur de sa demeure tandis que les Africains la situent plutôt en plein air: la fenêtre des Américains et des Européens est vue par les Africains comme un vase ou un colis que la jeune fille porte sur sa tête, et ce qui représente un arbre pour ces derniers constitue un angle de mur pour les premiers. Inévitablement, notre façon de voir les choses résulte de nos référents culturels, familiaux et individuels. Nous filtrons la réalité d'après ce que nous connaissons et selon ce que nous en attendons, selon les expériences que nous avons vécues et mémorisées.

2. Interprétations à explorer.

Est-il possible que votre perception d'un événement, de l'attitude d'un collègue ou d'un supérieur se teinte parfois d'une expérience que vous avez vécue antérieurement en milieu de travail? Par exemple, si votre patron vous a déjà confié un dossier imprévu au moment où vous étiez particulièrement fatigué, il est possible que vous ayez interprété ce geste comme un excès de sa part, un abus de pouvoir et que, par la suite, vous receviez invariablement tous les dossiers qu'il vous attribue de façon négative et ressentiez même profondément cette attribution comme une agression ou de l'acharnement. Une telle lecture des événements ne peut qu'appauvrir vos relations de confiance au travail et augmenter votre niveau de stress. De la même manière, il vous est peut-être arrivé de connaître un échec et de devoir accomplir par la suite une mission similaire: il est fort probable que votre premier mouvement soit de craindre de ne pas pouvoir la mener à terme parce que vous l'appréhendez en fonction du contexte de votre échec antérieur. Prenez quelques instants pour essayer d'évaluer en quoi vos expériences passées minent ou enrichissent votre vie professionnelle.

Au cours de l'enfance et de l'adolescence, notre éducation tout comme les films ou les livres nous inculquent certains mythes sur les rapports sexuels. Par exemple, plusieurs hommes considèrent que le sexe n'est pas quelque chose qui se dit mais quelque chose qui se fait, tandis que les femmes sont profondément convaincues que «s'il m'aimait, il saurait comment me plaire sans que j'aie besoin de le lui expliquer». Si votre vie amoureuse s'est développée sur les fondements de ces mythes, vous aurez tendance à lire et à filtrer les réactions de l'autre très différemment de la façon dont il interprète de son côté vos propres comportements — d'où certaines incompréhensions profondes.

En outre, ces mythes teintent nécessairement votre perception de votre vie sexuelle (et ce que vous en faites). Ainsi, vous considérez peut-être, à cause de ces mythes, que cette dimension de votre vie est une zone où les choses doivent évoluer d'elles-mêmes, comme si l'amour devait se faire tout seul — et s'il arrive qu'il ne se fasse plus, vous en concluez qu'il n'existe plus. Au contraire, s'il est un domaine de la vie à deux où l'on doit demeurer constamment proactif et vigilant, c'est bien sur le plan sexuel, car la discussion et le renouvellement du désir demeurent les moyens les plus efficaces pour enrichir vos relations et les maintenir à un niveau satisfaisant pour les deux partenaires. Les mythes sexuels sont très répandus et dans toutes les cultures: ils déterminent probablement l'enseignement que vous avez reçu sur ce sujet. Quels sont vos mythes sexuels? Quelles sont vos croyances, les «recettes» que vous avez reçues? En quoi contribuent-elles à influencer votre vie sexuelle et conjugale?

La vie de la plupart des gens est jalonnée de succès et d'échecs et, parmi ces événements, certains ont été plus marquants que d'autres. Prenez le temps de passer en revue les circonstances de votre existence qui ont laissé en vous des traces durables, tant les moments glorieux que ceux que vous souhaiteriez rayer de votre mémoire. Analysez leurs conséquences sur votre façon d'être actuelle et, surtout, sur la manière dont vous vous comportez et vous autoévaluez : comment influencent-ils les conclusions de vos jugements sur vous-même ?

Par exemple, lorsque vous étiez plus jeune, vous avez peut-être fait preuve de laxisme sur le plan financier, parce qu'à ce moment vous n'aviez pas de responsabilités, vous croyiez avoir la vie devant vous et manquiez de réalisme quant aux conséquences à long terme d'un niveau d'endettement élevé. Des expériences de ce genre coûtent souvent très cher, sans compter qu'elles affectent nos relations avec les autres, alors que notre réputation souffre d'un… mauvais crédit. Elles laissent, en outre, le plus souvent, des séquelles longtemps après qu'elles se sont terminées. Ainsi, aujourd'hui, vous avez peut-être développé ce réflexe de vous priver du moindre plaisir, de crainte de replonger à nouveau dans une gestion téméraire, naïve et immature de vos ressources financières. Évaluez la signification réelle d'un principe aussi rigide : s'agit-il d'une règle d'économie ou d'une hyperréaction à une expérience malheureuse ? Y aurait-il lieu d'adopter une conduite plus mature ? Entre tout et rien, n'y a-t-il pas un moyen terme qui vous permettrait de vous tenir éloigné à la fois de la prodigalité passée et de l'austérité présente ?

Oser le risque

Sourire, c'est prendre le risque de paraître ridicule.

Pleurer, c'est prendre le risque de paraître sentimental.

Tendre la main vers l'autre, c'est prendre le risque de s'impliquer.

Faire voir ses sentiments, c'est prendre le risque de montrer son véritable moi.

Étaler ses idées devant la foule, c'est risquer de les perdre.

Aimer, c'est risquer de ne pas être aimé en retour.

Vivre, c'est risquer de mourir.

Espérer, c'est risquer le désespoir.

Essayer, c'est risquer l'échec.

Mais les risques doivent être courus, parce que le plus grand risque dans la vie, c'est de ne rien risquer.

La personne qui ne risque rien ne fait rien, n'a rien, n'est rien.

Qui veut éviter la souffrance et le chagrin ne peut apprendre à ressentir, à changer, à grandir, à aimer, à vivre.

Enchaîné par ses certitudes, l'individu est un esclave qui a renoncé à la liberté.

Seul l'individu qui risque est vraiment libre.

14. Géant

14. Géant

Relativiser la grandeur et la petitesse de chacun en remettant en perspective les implications de la «grandeur». Atténuer le gigantisme de l'adulte aux yeux de l'enfant.

1. Observation et analyse de l'illustration.

Comment pensez-vous que la personne de taille moyenne réagit lorsqu'elle se trouve en présence d'un homme qui fait plus de deux fois sa stature? D'après l'illustration, le plus petit semble fort impressionné par le plus grand: de la même manière, dans la vie courante, il y a toujours des personnes impressionnantes, que l'on estime idéales, parfaites et extraordinaires, devant lesquelles nous avons tendance à nous dévaloriser.

2. Interprétations à explorer.

habiletés sociales

Avez-vous déjà rencontré un géant? Quelqu'un qui vous impressionne au point que vous en perdiez vos moyens et devant qui vous ne savez plus que dire ni que faire? Une façon de remettre les choses en perspective est de tenter d'adopter le point de vue de l'autre, de ce géant qui vous en impose. Voyez-vous à quel point les vrais grands comme les véritables géants sont seuls de leur espèce? Avez-vous remarqué comment les gens qui les entourent ou les croisent gardent leurs distances avec eux? Plutôt que d'observer et de juger l'autre et ses performances sur le plan rationnel, voyez-le plutôt sous l'angle du cœur, en tentant de comprendre sa solitude et son malaise à interagir avec les autres lorsqu'il constate que sa présence les intimide: vous pourrez ainsi accéder à sa véritable grandeur, celle du cœur, en le rejoignant au-delà de sa grandeur physique, professionnelle ou financière.

parents enfants

La majorité des enfants considèrent les adultes comme des géants, en raison de leur taille, bien sûr, mais également parce qu'ils estiment que les grands sont extraordinaires et qu'ils ne deviendront jamais aussi exceptionnels qu'eux. C'est à vous qu'il revient de ramener la relation à de plus justes proportions (puisque l'enfant ne peut le faire pour le moment) en étant capable de reconnaître vos erreurs, d'admettre que vous n'êtes pas parfait et d'avouer que vous ne savez pas toujours comment réagir à leurs comportements, leurs peines, leurs confidences. En adoptant cette attitude, l'enfant vous considérera avec plus d'humanité (vous êtes comme lui, mais plus grand et plus vieux), comme il estimera que les autres se situent également à son niveau (ils ne sont pas inaccessibles et lointains): envers vous comme envers chacun, il se sentira moins inférieur et pourra plus sainement développer des relations équilibrées, maintenant et dans l'avenir.

15. Réactions à la colère

1.

2.

3.

4.

5.

6.

7.

15. Réactions à la colère

Évaluer les coûts et les conséquences des réactions à la colère. Prendre conscience de la part active que nous jouons dans l'éclosion de nos émotions.

1. Observation et analyse de l'illustration.

Les réactions à la colère empruntent plusieurs voies, dont celles qui sont illustrées ci-contre : la bouderie et le repli sur soi, l'indifférence feinte (mais un sourire « jaune » ne fait jamais illusion), les injures, la somatisation, la victimisation et la fomentation d'une vengeance ou, enfin, la communication utilisant le « je ».

2. Interprétations à explorer.

maîtrise de soi

Quelle est la réaction par laquelle vous avez l'habitude de gérer votre colère ? Selon la théorie émotivorationnelle, ce qui crée véritablement vos émotions (colère, tristesse, etc.) n'est pas tant l'événement extérieur qui les déclenche, mais bien vos pensées et votre façon d'interpréter les situations et les réactions des autres. Ainsi, pourquoi certaines personnes vivent-elles l'échec dans l'abattement, l'humiliation ou encore le désarroi, tandis que d'autres y réagiront avec colère ? En imaginant que l'échec est exactement le même pour toutes, la seule chose qui diffère entre elles réside dans leur façon de recevoir et d'interpréter les causes comme les conséquences de leur erreur. À partir du moment où nous devenons conscients de la part active que nous jouons dans l'éclosion de nos émotions, il est plus facile de communiquer en utilisant le « je » (et non le « tu » ou le « ils » accusateurs), de nous approprier notre émotion et d'être vraiment responsables de la façon dont nous la gérons (plutôt que de nous laisser aveugler par elle). La seule attitude satisfaisante pour l'estime de soi comme pour les relations interpersonnelles est de s'exprimer par le « je ».

habiletés sociales

La colère est une émotion qu'il nous faut apprendre à dominer, notamment lorsque nous entrons en relation avec les autres, qu'il s'agisse de la personne que nous aimons, de membres de la famille, de ses propres enfants ou encore de collègues de travail. Réfléchissez aux modes de réaction autres que la communication du « je » que vous avez activés lors de vos dernières colères au travail, en famille, en couple. Quelles en ont été les conséquences ? Revoyez les scènes en question et évaluez le prix payé, par vous-même, par l'autre : Votre réaction a-t-elle réglé le problème ou l'a-t-elle amplifié ? Comment vous jugez-vous lorsque vous laissez éclater votre colère ? Avez-vous honte de l'immaturité avec laquelle vous avez réagi à ce moment-là ? Quelle que soit l'intensité du remords que vous éprouviez, sachez que la seule façon d'être de nouveau en paix avec vous-même est de réparer, le plus rapidement possible ; plus vous retarderez ce moment, plus il vous faudra du courage pour franchir ce pas et aller vers l'autre.

16. Réactions à la peur

1.

2.

3.

4.

5.

6.

16. Réactions à la peur

Évaluer les coûts et les conséquences des réactions à la peur. Prendre conscience du fait que la peur contamine une grande partie des relations parent-enfant.

1. Observation et analyse de l'illustration.

Décrivez les réactions possibles à la peur qui sont illustrées sur la page de gauche: l'un tremble, l'autre rit nerveusement, l'un éclate de colère, l'autre se fige de stupeur, l'un fuit et l'autre affronte sa peur.

2. Interprétations à explorer.

maîtrise de soi

Quels sont vos modes habituels de gestion de la peur? Sont-ils les mêmes pour toutes vos craintes? Faites l'inventaire de vos réactions à des appréhensions comme celles de vous exprimer en public, de mal faire votre travail, d'être un mauvais parent, de ne pas performer sexuellement, de manquer d'argent... Si vous choisissez invariablement d'éviter les situations qui déclenchent en vous de la peur, vous éprouvez, à court terme, un soulagement immédiat, mais à long terme, vous obtenez comme résultat l'amplification de cette émotion: moins vous faites face, moins vous avez confiance dans votre capacité de le faire, plus vous vous convainquez que vous en êtes incapable, plus votre estime de vous-même se détériore et plus nombreuses deviennent les situations anxiogènes. Quelles sont les conséquences de vos modes de gestion? Quels sont les coûts que chacun d'eux a impliqués jusqu'à maintenant dans vos relations avec les autres comme sur les plans financier, de l'estime de vous-même et de la santé physique? Que diriez-vous de vous entraîner d'abord à faire face à vos craintes afin de commencer à mettre en forme votre muscle du courage pour ensuite vous attaquer à vos peurs plus grandes?

parents enfants

Plusieurs des interventions parentales, notamment à l'endroit des adolescents, sont essentiellement motivées par la peur: peur que la fille devienne enceinte et ne puisse s'accomplir sur le plan professionnel comme elle en aurait la capacité, que le fils ne termine pas son secondaire et ne parvienne jamais au cégep, qu'il ne puisse bien gagner sa vie, que les enfants se droguent, fréquentent de mauvais compagnons, qu'ils aient un accident, etc. Si votre attitude à l'égard de votre fils ou de votre fille est fondamentalement guidée par votre anxiété, vous ne vous êtes peut-être pas rendu compte que lorsque votre enfant la détecte, il cherche à la rejeter pour ne pas en être contaminé: l'adolescent qui réagit agressivement à vos remarques cherche souvent à se préserver de vos peurs. Il vous sera plus profitable de lui dire que vous êtes effectivement inquiet de la situation, mais que vous savez également que vous devez lui faire confiance et que c'est ce que vous choisissez délibérément de faire. En reconnaissant que votre peur vous appartient et en assurant à l'enfant que vous croyez sincèrement qu'il a tout ce qu'il faut en lui pour faire face à sa vie de façon mature (mais soyez *vraiment* sincère en le lui disant), il lui sera plus facile de faire preuve de prudence et d'être responsable dans ses expérimentations et ses découvertes. Quelles sont les peurs que vous ressentez lorsque vous pensez à vos enfants? Comment les manifestez-vous? Comment transparaissent-elles dans vos gestes, vos décisions, vos réactions? Pouvez-vous décrire l'influence de ces attitudes sur chacun de vos enfants? Est-ce la meilleure façon de leur apprendre à affronter la vie tout en partageant ce que vous éprouvez?

17. Joueurs de golf

17. Joueurs de golf

Réfléchir au poids des influences de notre vie. Distinguer entre influence et emprise. Réévaluer la pertinence de nos choix ou de nos attitudes.

1. Observation et analyse de l'illustration.

Chacune des personnes qui tient un drapeau a pour fonction de diriger le tir du golfeur en lui indiquant l'emplacement du trou qu'il doit viser. Les quatre possibilités illustrées ci-contre représentent les personnes d'influence de la vie du golfeur : lui-même lorsqu'il était enfant, sa femme, ses parents et lui-même à l'âge adulte.

2. Interprétations à explorer.

Dans votre vie, qui vous indique quoi viser ? Votre attitude générale dans votre quotidien (votre façon de parler, de prendre des décisions, vos réactions, vos manières d'interagir, etc.) est en partie déterminée par ces influences (nommées plus haut) qui agissent à l'intérieur de vous. Lorsque vous étiez enfant, vous avez conçu des rêves, des désirs et ressenti des pulsions qui agissent peut-être encore sur vous plus que vous ne le pensez. Par exemple, si vous éprouvez des difficultés à contrôler votre consommation d'alcool, de drogue ou de nourriture, il s'agit sans doute de comportements liés aux pulsions de l'enfance : la recherche du plaisir sans nulle préoccupation des conséquences à long terme indique le plus souvent qu'une personne se laisse guider par son enfant intérieur, c'est-à-dire son côté immature, ce qui peut sembler tout à fait satisfaisant sur le moment, et même pour une période plus longue, mais implique des coûts de plus en plus élevés — il s'avérera en outre de plus en plus difficile de récupérer le temps perdu à ne suivre que ses désirs. Si c'est votre partenaire en amour qui vous indique le plus souvent la direction à suivre, il vous faudrait sans doute faire une distinction entre les compromis nécessaires de la vie à deux et l'oubli de vos propres besoins : à vous conformer totalement aux attentes de l'autre (et demandez-vous si la réciproque est vraie), vous risquez de vous perdre et de ne plus savoir ce que vous désirez faire de votre vie. Que les parents soient décédés ou toujours vivants, leur influence, voire leur emprise, demeure omniprésente puisqu'ils vous ont tant appris : à parler, à penser, à juger et à vivre. Plus encore que vous ne le croyez, leur regard vous accompagne dans tous les gestes de votre vie, dans votre façon d'administrer votre budget, de recevoir des amis, d'élever vos enfants, etc. Vous pouvez réfléchir à cet aspect et évaluer l'importance de cette influence en tentant l'expérience suivante ; imaginez pour quelques instants que vous avez eu d'autres parents (choisissez qui vous voulez) et repassez les moments forts de votre vie : En quoi cela aurait-il modifié votre façon d'être ? Comment auriez-vous vécu avec eux les grands événements marquants de votre vie ? Au terme de cette réflexion, il vous sera plus facile de reconnaître et de choisir ce qui vous convient vraiment, de « redécider » les grandes orientations qui vous ont été transmises par vos parents, certaines façons de faire, de dire, d'aimer, d'évoluer, de diriger, d'administrer, de gérer votre vie. Quelles seraient vos propres normes dans ces domaines ?

D'autres personnes peuvent diriger votre vie et détenir une grande influence sur vos choix : rappelez-vous votre adolescence, alors que l'ami que vous admiriez au plus haut point « déteignait » sur tout ce que vous disiez comme sur vos activités et votre attitude à la maison. Pouvez-vous affirmer qu'il n'en va plus ainsi aujourd'hui et que vous êtes toujours responsable de tous vos choix ? Ou peut-être encore êtes-vous dirigé par l'argent ? par le jugement des autres, de tous les autres (« Mais qu'est-ce que le monde va penser ? ») ? À partir du moment où vous avez trouvé la source d'influence qui mène le jeu de votre vie, il devient plus facile d'anticiper les résultats de votre parcours sur le terrain et de rectifier votre itinéraire : Quels drapeaux vous serviront de guide dans les différentes sphères de votre vie (amour, affaires, argent, relations sociales, santé) ? Est-ce bien là ce que vous désirez ? À quel moment déciderez-vous de jouer votre propre parcours ?

18. Prisonnier

18. Prisonnier

Développer une vision périphérique à l'égard des situations problématiques qui sollicitent toute notre énergie. Analyser la part active que l'on prend dans l'édification de nos prisons.

1. Observation et analyse de l'illustration.

Si l'on ne considère que les trois premières vignettes, le personnage de l'illustration semble terrifié et pris au piège dans sa prison, sans possibilité de s'échapper ni de se libérer de la situation. Toutefois, la quatrième vignette nous indique bien que, s'il y a des barreaux *devant* le personnage, rien ne l'empêche de se déplacer à sa guise: sa prison n'est pas fermée. À regarder les choses de trop près, à demeurer concentré sur elles, il arrive ainsi qu'on ne parvienne pas à prendre du recul ni à faire une lecture objective d'une situation, qu'on se piège soi-même en s'enfermant dans une seule interprétation des faits — parfois erronée — sans voir toutes les possibilités qui s'offrent à nous.

2. Interprétations à explorer.

Beaucoup de parents déplorent que le milieu scolaire que fréquente leur enfant applique avec la plus grande rigueur le principe de la «tolérance zéro», qui a pour effet de condamner le moindre manquement, parfois anodin, en le signalant par un système quelconque de fiches de couleur, de points, etc. Plusieurs parents deviennent complètement obnubilés par ce qu'ils croient être une véritable injustice à l'égard de leur jeune et arrivent difficilement à prendre le recul nécessaire pour pouvoir reconnaître des aspects positifs à de telles mesures coercitives. Que vous soyez en désaccord avec ce principe est une chose, mais lorsque vous vilipendez les professeurs et la direction de l'école pour cette attitude, lorsque vous dramatisez les épisodes de punition en exprimant votre désapprobation, vous amplifiez la situation et donnez à celle-ci des proportions démesurées. Le système disciplinaire devient alors pour l'enfant une véritable institution carcérale dont il est la victime; que ce soit là ce que vous en pensez importe peu, dans la situation; il sera plus profitable pour votre enfant de parvenir à vivre dans un tel système sans s'en sentir prisonnier. Si, plutôt que d'exprimer haut et fort et dans le détail votre opposition à la tolérance zéro chaque fois que vous en avez l'occasion, vous accordez votre attention au problème souligné par l'institution scolaire avec diligence, sans épiloguer ni insister, vous permettez à votre fils ou à votre fille d'évoluer plus sainement en apprenant à «en prendre et en laisser», à fonctionner dans un système tout en étant conscient qu'il s'agit d'un système, c'est-à-dire une institution humaine qui, tout en poursuivant un objectif qui peut être louable, comporte néanmoins des failles, des abus et des injustices.

De la même manière, il est le plus souvent dramatique pour un parent de constater que son enfant devra redoubler son année scolaire. Vous pouvez ne pas être d'accord et le signifier très explicitement, en prenant la défense de votre enfant contre le professeur, l'école, la commission scolaire et le ministre de l'Éducation lui-même: votre fils ou votre fille commencera donc son année scolaire avec l'intime conviction qu'il est la victime sans défense d'un milieu scolaire inhumain et rempli de méchanceté. Vous pouvez par ailleurs ne pas être d'accord, mais prendre de la distance à l'égard du problème et voir les avantages de la situation: vous pourrez ainsi aider votre enfant à vivre cette épreuve, en sachant qu'il a maintenant l'occasion de reprendre son retard, d'acquérir la discipline qui lui faisait défaut cette année, de développer un nouveau sentiment de compétence alors qu'il connaîtra plus de facilité, atteindra des résultats supérieurs et accédera à une plus grande confiance en lui.

Devant une attitude négligente d'un enfant, plusieurs parents ont tendance à conclure trop rapidement qu'il s'agit de mauvaise volonté de la part du jeune ou alors d'irresponsabilité ou même d'incompétence. Mais il importe de prendre un recul et de ne pas se laisser dominer par des jugements trop précipités: parfois, ces comportements inappropriés indiquent que l'enfant vit une perturbation reliée à des circonstances trop lourdes et complexes pour lui; dans ce cas précis, il lui faudrait toute l'attention et la sollicitude parentales pour surmonter cet épisode.

La contemplation désolée de vos malaises physiques, de vos imperfections, de vos défauts, de vos erreurs, des gestes que vous avez omis de faire ou de ceux que vous avez faits et que vous regrettez a pour effet de vous enfermer dans une cage qui limite votre autonomie et vous garde pris au piège dans la mauvaise partie de votre décor intérieur. Vous n'êtes pas que ce malaise, cette imperfection, cette erreur, cette omission ou ce geste malheureux, mais votre attitude fait en sorte qu'en vous concentrant uniquement sur eux, vous vous interdisez d'être complètement et totalement vous-même. Tant que vous n'acceptez pas votre anatomie, votre tempérament, vos limites, vous ne profitez pas de vos avantages et de vos forces qui demeurent entravés dans la prison que vous avez créée. Vous est-il déjà arrivé de vivre pareille situation? Laquelle de vos faiblesses ou de vos erreurs reçoit beaucoup trop de votre attention? Avez-vous déjà remarqué comment cette concentration de votre attention limite vos actions et vos possibilités? Que vous êtes-vous interdit de faire à cause de cette faiblesse ou à la suite de cette erreur? Mérite-t-elle d'avoir autant de pouvoir sur votre vie? Tentez, juste une journée, d'accepter avec sagesse et sérénité votre faiblesse ou de considérer votre erreur avec humour: traitez-la comme un caprice de votre personne et évaluez comment cette attitude modifie votre humeur en général ainsi que votre degré d'énergie et d'enthousiasme. Vous pouvez refaire l'exercice chaque jour, sans autre danger que celui de vous libérer d'une vision trop étroite de vous-même et de découvrir avec des yeux neufs ce qui vous entoure.

Un autre exercice consiste à revoir, chronologiquement, les décisions que vous avez prises par le passé: Y en a-t-il desquelles vous vous sentez captif? Quels sont les regrets qui vous enchaînent à certains épisodes de votre vie? Comment cette attitude limite-t-elle votre champ de vision?

Les obstacles sur notre route

Dans des temps très anciens, un roi plaça un énorme rocher sur une route de son royaume puis se cacha afin de surveiller si quelqu'un le déplacerait. Quelques-uns de ses marchands les plus fortunés et de ses courtisans passèrent par là et firent simplement le tour de l'obstacle. Plusieurs de ses sujets blâmèrent sévèrement leur souverain de ne pas garder les routes bien dégagées. Toutefois, aucun d'entre eux ne tenta de faire quelque chose pour enlever l'obstacle de la route. C'est alors qu'un paysan survint, qui transportait sur son dos un lourd chargement de légumes. En approchant du rocher, le paysan laissa son fardeau et essaya de déplacer la pierre sur le côté. Après avoir poussé et tiré péniblement de toutes ses forces, il y parvint enfin. Il reprit sa charge de légumes et remarqua une bourse déposée sur la route, à l'endroit exact où la pierre était auparavant située. Elle contenait plusieurs pièces d'or ainsi qu'un message du roi, spécifiant que l'or appartiendrait à celui qui déplacerait le rocher. Le paysan apprit ainsi ce que plusieurs d'entre nous n'ont pas encore compris : chaque obstacle représente une occasion d'améliorer notre condition.

19. Série de pots

19. Série de pots

Cibler le secteur de notre vie où agir en priorité et développer une « inconscience consciente » de tous les problèmes en sélectionnant celui qui recevra notre attention tout en gardant les autres à distance.

1. Observation et analyse de l'illustration.

Ce pauvre homme a pour principal malheur de garder ouverts tous les pots qui représentent les différents départements de sa vie : à tout vouloir régler en même temps, il ne dispose pas de l'énergie suffisante pour résoudre ses problèmes un à un, se sent envahi par les multiples appréhensions liées à tous les aspects de son quotidien et ne peut éprouver autre chose qu'une immense lassitude.

2. Interprétations à explorer.

maîtrise de soi

Tentez-vous, comme le personnage de l'illustration, de régler tous vos problèmes en même temps ? Il s'agit là d'une des plus fréquentes sources d'anxiété : la considération simultanée de tous vos problèmes épuise totalement vos réserves d'énergie. Il s'avère plus productif de reconnaître que vous possédez tous ces pots, dont la majorité contiennent peut-être des problèmes, en choisissant d'en ouvrir un seul à la fois (vous pouvez même le refermer ponctuellement, même si la situation n'est pas entièrement résolue). En outre, vous devrez être vigilant, car c'est en général lorsque la fatigue et le stress prennent le dessus, donc au moment où vous êtes le plus vulnérable, que les pots s'ouvrent d'eux-mêmes le plus facilement. Quels sont vos pots ? Êtes-vous préoccupé par vos enfants, votre santé, votre vie amoureuse, par le climat qui ne vous convient pas ? Déterminez les domaines de votre vie qui tendent à vous tourmenter et donnez-leur une forme concrète : déposez par exemple de véritables pots en verre sur le rebord d'une fenêtre ou dans une armoire, comme pour confirmer que vous êtes conscient de leur existence, mais qu'ils n'ont pas à être présents dans vos pensées 24 heures sur 24. Vous pouvez également établir une liste sur un babillard que vous pouvez consulter lorsque vous êtes prêt à vous y attaquer. Vous vous donnez ainsi les moyens de déterminer un moment de la journée ou de la semaine, une plage de temps définie, que vous réservez à la recherche de solution sans y consacrer toute votre énergie ni le meilleur de votre temps — que vous pouvez utiliser pour vous refaire des forces en préparation de l'ouverture du prochain pot. Évidemment, au début, il vous faudra de la discipline et de l'entraînement pour mettre délibérément de côté ces difficultés. Comparez cette façon de faire à votre attitude actuelle : Combien de problèmes réglez-vous réellement en laissant tous vos pots ouverts et en étant obnubilé par tout ce qui ne va pas dans votre vie ? Ne croyez-vous pas, en outre, que cela a pour effet d'ajouter un pot à votre collection, celui d'une gestion de problèmes déficiente ?

travail

Nous traversons actuellement une période couramment appelée l'« ère de l'information », mais qui serait plus justement nommée si on la désignait par l'expression « ère de la surinformation ». Selon Daniel Goleman[1], un cadre reçoit en moyenne une cinquantaine de courriels par jour, une quantité tout aussi impressionnante d'envois postaux, des appels téléphoniques innombrables, avec pour résultat que sa concentration est interrompue toutes les deux minutes. Comment être productif et serein dans de pareilles conditions ? Comment éviter l'épuisement professionnel qui menace inévitablement la personne dont la charge de travail est considérable et qui doit répondre à toutes les demandes, performer dans la moindre de ses actions ? Il est indispensable d'apprendre à ne pas traiter toute l'information en même temps, à hiérarchiser les priorités de réponse et d'action, à compartimenter son horaire en plages de temps étanches (« Tandis que je me concentre sur cette tâche, je mets les autres en veilleuse et n'accepte pas qu'elles viennent interférer »), à se fixer des limites précises — et s'y tenir (« J'ai seulement une heure et demie à consacrer à ce sujet »). Les individus qui parviennent à respecter ces cadres de fonctionnement mental augmentent de façon très significative leur efficacité au travail.

1 1999, p. 98.

20. Ressorts

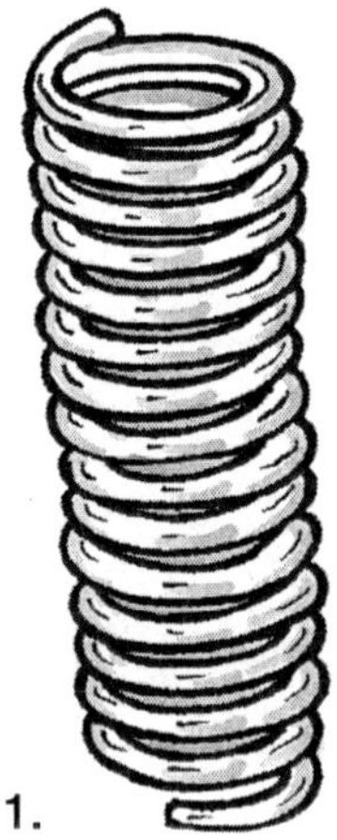

1.

2.

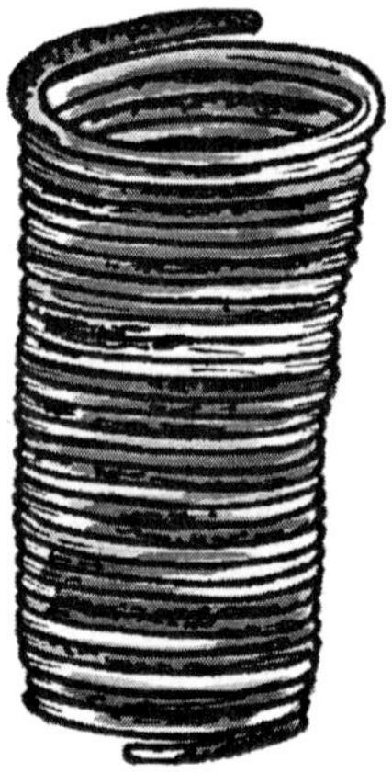

3.

4.

5.

6.

20. Ressorts

Évaluer nos modes de réaction et leur degré d'efficacité.

1. Observation et analyse de l'illustration.

Certains de ces ressorts ont conservé leur flexibilité et leur souplesse, et leurs mouvements de réaction s'effectuent tout en douceur ; d'autres sont de taille plus réduite et réagissent plus rapidement que les autres ; d'autres encore se sont détériorés (soit par la rouille, soit parce qu'ils ont connu quelque dommage) et il leur est beaucoup plus difficile de rebondir.

2. Interprétations à explorer.

À quel ressort pourriez-vous vous comparer dans votre vie professionnelle ? Le travail constitue l'une des sphères d'activité du quotidien où il faut conserver toute sa souplesse et sa faculté de rebondir rapidement avec à-propos, pour faire face aux changements constants qui surviennent et à l'exigence d'être à la fine pointe (de la technologie, des recherches ou des connaissances les plus récentes dans le domaine, etc.). La tendance naturelle de la majorité des gens est d'installer des habitudes qui leur permettent de contrôler le maximum d'éléments ; toutefois, cette tendance érode la compétitivité, l'efficacité et le plaisir au travail — elle finit également par absorber la reconnaissance des personnes de l'entourage. Parmi les moyens qui permettent d'entretenir son ressort intérieur, la formation professionnelle a pour effet de maintenir et de décupler l'enthousiasme, l'intérêt pour le travail ainsi que le désir d'aller plus loin et de relever de nouveaux défis. Ces qualités et attitudes caractérisent par ailleurs les gens qui éprouvent le plus de plaisir au travail et qui ont le plus de chance de franchir les degrés de la hiérarchie et d'y assumer plus aisément des responsabilités croissantes.

Les employeurs auraient tout intérêt à comprendre et à favoriser le désir de se dépasser qu'éprouvent tous les humains ; celui qui motive ses travailleurs à aller plus loin et leur permet d'acquérir les outils pour évoluer dans leur domaine récolte le plus souvent une indéfectible loyauté de leur part.

Quel type de ressort êtes-vous dans votre milieu de travail ? Devant les tâches liées à vos responsabilités professionnelles, vous agissez comme lequel de ces ressorts ? Est-ce là ce qui est adéquat pour vous ? pour l'entreprise ? pour l'institution qui vous emploie ? Auquel voudriez-vous ressembler ? Quand prendrez-vous des mesures concrètes pour vous approcher de ce ressort idéal ?

La famille est un milieu extrêmement mouvant qui connaît des changements constants et souvent fulgurants. Le cadre familial nous oblige donc à rebondir en souplesse, avec flexibilité et au bon moment. Quel type de parent êtes-vous : un petit ressort court ? long et fin ? cabossé et rouillé ? Vous adaptez-vous facilement à votre jeune ? Êtes-vous capable de l'aider à développer sa souplesse et sa fluidité devant les étapes de sa vie, à accepter les avantages comme les écueils de chaque période de son évolution, à comprendre la nécessité de développer des habiletés différentes pour bien traverser chacune d'elles ?

Est-il possible qu'en tant que parent votre ressort ait déjà été mis à rude épreuve au point d'être aujourd'hui brisé ? Est-ce qu'un aîné difficile vous en a fait voir de toutes les couleurs et a épuisé votre flexibilité (vous êtes désormais constamment sur la défensive et en position de refus ou de fermeture) ? Ou est-ce que l'on vous a refusé votre propre enfance et qu'il vous est difficile d'accepter que votre fils ou votre fille puisse vivre l'insouciance et la liberté qui vous ont été interdites ? À quel ressort ressemblez-vous ? Quelles en sont les conséquences sur votre enfant ? sur le plan conjugal ? sur votre image de vous-même ?

À quel ressort croyez-vous qu'il serait plus sain de ressembler ? Prenez garde aux petits ressorts qui rebondissent si facilement qu'ils peuvent sauter à la figure de l'enfant lorsque vous réagissez intempestivement et violemment à son comportement : votre autorité de même que le besoin de votre enfant d'être aimé et approuvé par vous confèrent à votre ressort plus d'impact que vous ne le pensez. Cherchez à développer une faculté de rebondissement qui ne blesse pas l'enfant, qui sache reprendre la situation bien en main sans jamais en perdre le contrôle, dans le calme et le respect de l'autre, avec toute votre affection et tout votre sens de la pédagogie.

maîtrise de soi

Quelle est votre façon de réagir aux situations difficiles en général ? Sautez-vous dans toutes les directions sans pouvoir concentrer votre mouvement sur quoi que ce soit ou pouvez-vous absorber le choc et faire face en toute lucidité à la situation ?

Le village

Si vous êtes originaire d'un petit village, ce texte saura sûrement toucher votre cœur en vous faisant revivre un peu de la simplicité typique des villageois.

Vous savez que vous êtes à Wadena lorsque...
Vous n'avez pas à signaler pour tourner sur Wesa
parce que tout le monde sait que c'est là que vous tournez.
Vous ne pouvez pas vous promener pour faire de l'exercice,
parce que toutes les voitures s'arrêtent pour vous offrir de vous reconduire.
La troisième rue constitue la limite du village.
Vous pouvez composer un mauvais numéro
et quand même réussir à parler pendant quinze minutes.

You know you're in Wadena when...
You don't have to signal at Wesa's
because everybody knows that's where you turn.
You can't walk for exercise
because every car offers you a ride.
Third street is on the edge of town
and you can dial a wrong number
and still talk for fifteen minutes.

Texte extrait de Pamela Wallin, 1998, *Since You Asked,* Maclean Hunter Publishing, p. 10.

21. Saisons

21. Saisons

Prendre conscience des rythmes de notre vie, qui commandent certains états ou certaines tonalités d'énergie qu'il nous faut accepter, mais qu'il est possible de tempérer, et même d'utiliser, pour développer notre mieux-être.

1. Observation et analyse de l'illustration.

Au printemps, tous les éléments de la nature reprennent vie et laissent éclore leurs bourgeons après le sommeil de l'hiver. En été, la végétation luxuriante et la chaleur nous inondent d'énergie, mais nous devons prévoir la récolte, en sarclant et en arrosant les semences de fleurs, de légumes et de fruits. En automne, période de la maturité, c'est l'époque de la moisson et des préparatifs pour l'hiver et l'on sent déjà que le rythme change, que la nature se dispose à ralentir son cours. En hiver, tout semble endormi, les journées raccourcissent, la rigueur du climat nous porte à demeurer à l'intérieur et à nous protéger du froid tout en préparant nos forces pour le prochain cycle qu'amorcera le printemps.

2. Interprétations à explorer.

Dans quelle saison vivez-vous actuellement? Vous sentez-vous rempli de projets et d'idées, mû par une énergie débordante qui vous permet d'actualiser vos entreprises? Connaissez-vous plutôt l'insouciance festive de l'été, préparant bien un peu les récoltes, mais sans inaugurer d'autres projets ou de nouvelles semences qui exigeraient plus de soin et d'attention? Vous situez-vous en automne, recueillant les fruits de votre été tout en vous préparant à ralentir bientôt votre rythme? Notre vie évolue selon des cycles saisonniers, parfois plus rapidement que la nature (vous traversez les quatre saisons sur une période d'un mois), parfois plus lentement (si vous considérez par exemple l'ensemble de votre existence jusqu'à aujourd'hui, vous pourrez y détecter de grands mouvements successifs qui font de certaines périodes des saisons particulières). Ainsi, si vous avez l'impression de vivre l'hiver et connaissez une période de ralentissement, voire d'immobilité, n'en concluez pas que la vie n'a rien à vous offrir, que vous ne valez rien ou que personne ne vous aime: il s'agit plutôt d'une phase naturelle de bilan, de mise au point, de recul devant l'agitation du quotidien et même de l'extraordinaire. Dans toutes les dimensions de votre vie (familiale, amoureuse, professionnelle, amicale), vous êtes appelé à vivre de telles périodes de retrait alternant avec d'autres phases plus actives et énergiques où tout se précipite.

Quelles sont les saisons de vie que vous préférez? Laquelle est la plus facile à vivre pour vous? la plus difficile? Comment vivez-vous et acceptez-vous vos hivers? vos printemps? vos étés? vos automnes? Êtes-vous conscient que vous ne pouvez pas toujours évoluer dans une seule saison et que, pour être vécu dans toute sa splendeur, l'automne doit avoir été préparé par les phases de dormance, d'éveil et d'activité de l'hiver, du printemps et de l'été? Comme certains pays dont les étés durent plus longtemps que les hivers, certaines personnes peuvent connaître des saisons plus longues, qui donnent une dominance à leur existence. Il est par ailleurs possible de vivre simultanément des saisons différentes dans des aspects distincts de notre vie: avoir un travail printanier mais des amours hivernales tout en éprouvant, par rapport à soi-même, des sentiments de maturité automnale.

Prenez quelques instants pour découvrir la ou les saisons de votre vie actuelle et pour rechercher des stratégies qui vous permettraient de mieux vivre cette période. En effet, chaque saison, aussi agréable puisse-t-elle paraître, comporte également ses dangers et vous devez porter attention à votre façon de les équilibrer. En hiver, vous pouvez par exemple chercher à développer des sources de chaleur: si c'est votre saison au travail, pourquoi ne pas vous entourer d'objets, une tasse, une affiche, une toile ou des vêtements, qui portent des couleurs vives et chaudes ou qui évoquent des pays exotiques? Si vos printemps sont trop extravagants et vous portent à élaborer des projets qui frisent la démesure, vous pouvez les tempérer d'un peu d'automne, par exemple en fréquentant des gens de tempérament plus modéré et calme ou en vous consacrant aux projets déjà en cours avant d'en démarrer d'autres. Que diriez-vous d'élaborer une liste de stratégies pour contrer les mauvais côtés de chaque saison et pour jouir pleinement de leurs aspects positifs? Après tout, ne dit-on pas qu'une personne avertie en vaut deux?

travail

Si vous vous surprenez à vous remettre complètement en question par rapport à vos activités professionnelles, soit quant à la nature du travail lui-même, soit quant au temps que vous y consacrez, soit encore à cause d'un sentiment généralisé de découragement devant vos responsabilités, il est possible que vous traversiez une phase hivernale qui vous impose de prendre du recul — ou des vacances. Mettez cette période à profit pour dresser un bilan de votre situation : Combien de temps consacrer au travail ? Comment faire pour respecter ses limites ? Comment développer la période estivale à l'extérieur du travail ? Quelles activités ou quelles rencontres créeraient un équilibre entre le milieu professionnel et le reste de votre vie ? Vous n'avez peut-être pas vraiment besoin d'un congé non payé d'une année pour parvenir à cet équilibre. Il s'agit là souvent d'une solution extrême qui n'est pas requise pour toutes les situations — sans compter qu'elle est carrément impossible pour de nombreux travailleurs. Avant d'y recourir, essayez plutôt d'instiller d'autres saisons dans votre quotidien.

On ne sait jamais qui l'on aide

Une camionnette s'était arrêtée sous la pluie, vers 23 h 30. Une dame âgée d'origine afro-américaine se tenait sur le bas-côté d'une autoroute de l'Alabama, en tentant de résister aux coups de fouet de la tempête. Sa voiture était hors d'usage et elle avait désespérément besoin que quelqu'un la reconduise chez elle. Complètement trempée, elle décida de héler la prochaine voiture qui passerait. Un jeune Blanc s'arrêta pour l'aider, phénomène pour le moins inusité au cours des conflits raciaux qui marquaient cette époque des années 1960. Le jeune homme la plaça en sécurité dans sa voiture, l'aida à obtenir de l'assistance puis la déposa dans un taxi. Elle semblait être extrêmement pressée, mais elle écrivit néanmoins l'adresse du jeune homme sur un bout de papier et le remercia de son aide.

Sept jours passèrent lorsque l'on vint frapper à la porte de cet homme. À sa grande surprise, on venait lui livrer un énorme téléviseur couleur. Un petit mot y était fixé : « Merci infiniment de m'avoir porté secours sur l'autoroute l'autre nuit. La pluie n'avait pas seulement détrempé mes vêtements, mais aussi mes esprits. Fort heureusement, vous étiez là et grâce à vous, j'ai pu parvenir à les retrouver à temps pour être au chevet de mon mari mourant, juste avant qu'il nous quitte définitivement. Que Dieu vous bénisse de m'avoir aidée et d'être au service des autres de façon aussi désintéressée. Madame Nat King Cole. »

22. Horloge

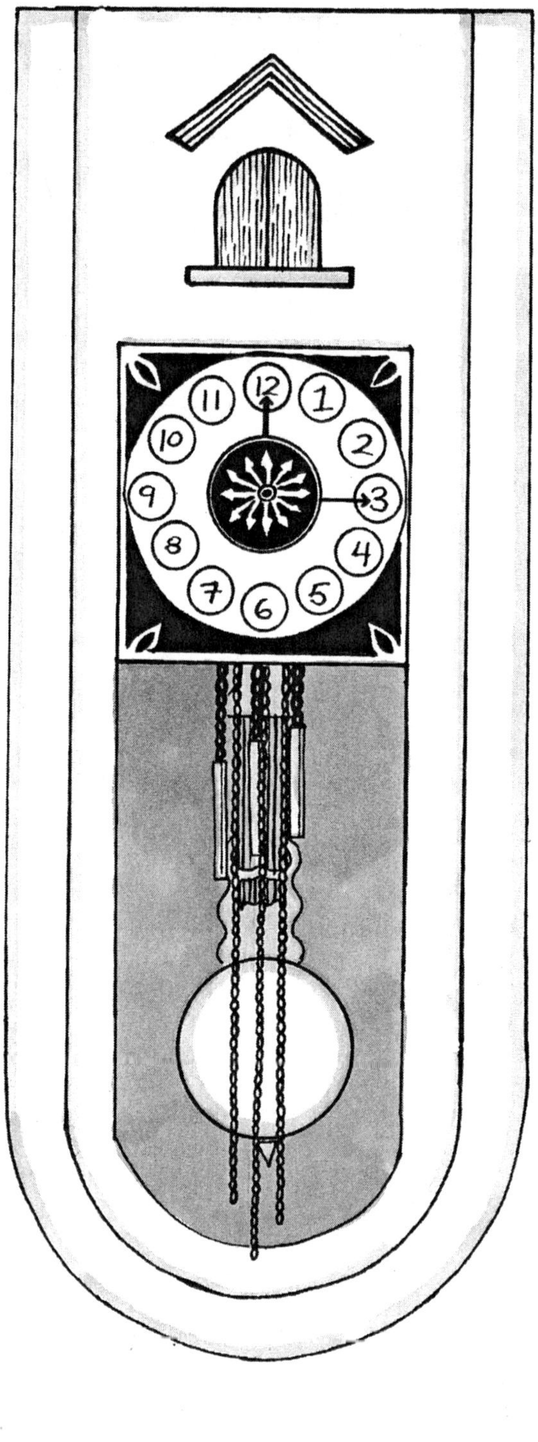

22. Horloge

Évaluer l'utilisation du temps qui nous est imparti et prendre conscience que nous sommes les seuls responsables de la valeur du temps de vie dont nous disposons.

1. Observation et analyse de l'illustration.

Chacun de nous est soumis au passage d'un temps linéaire, qui avance et ne recule jamais, qui nous fait franchir des étapes irréversibles jusqu'à l'heure de notre fin. Nous sommes déterminés par le temps qui nous est accordé par la vie, tout en ignorant quelle est, exactement, sa durée.

2. Interprétations à explorer.

divers

Un message qui circulait dernièrement sur Internet demandait à ses destinataires ce qu'ils feraient s'ils recevaient 86 400 $ à dépenser en 24 heures selon les conditions suivantes : l'argent non utilisé avant minuit serait perdu ; en revanche, à minuit une minute, une nouvelle tranche de 86 400 $ serait octroyée. Évidemment, tout le monde répond spontanément vouloir dépenser cet argent pour en profiter au maximum. La suite du message poursuivait en disant que 86 400, c'est le nombre de secondes quotidiennes que vous recevez, que vous les utilisiez judicieusement ou non, et qu'elles sont, évidemment, renouvelables toutes les 24 heures... mais pour une période limitée. Avez-vous l'impression de profiter pleinement de chacune de ces secondes ? Y aurait-il une meilleure façon, pour vous, de retirer plus encore du temps qui vous est accordé chaque jour ? Qu'est-ce que cela changerait si l'on vous disait que vous recevez actuellement vos dernières secondes ? S'il est nécessaire de planifier à long terme, il faut néanmoins apprendre à savourer aujourd'hui les secondes qui nous sont octroyées, apprendre à ne pas vivre dans l'attente d'un événement extraordinaire qui se situe toujours dans un avenir rapproché ou lointain (et qui déçoit parfois autant qu'il a été espéré), mais plutôt à créer du bonheur quotidien maintenant, aussi intense et important que si nous vivions notre dernier jour. Pouvez-vous trouver au moins trois choses que vous pourriez faire différemment afin de profiter davantage des secondes qui vous appartiennent — et que vous seul avez le pouvoir d'utiliser ?

habiletés sociales

Tous ceux qui nous entourent sont également régis par la loi du temps ; personne ne vit éternellement. Quelle place accordez-vous aux relations que vous avez créées, avec vos enfants, votre partenaire en amour, les personnes qui vous sont chères, et même avec celles qui vous sont inconnues et dont vous croisez brièvement la route ? N'y a-t-il pas de plus belle façon de permettre à l'autre de profiter de ses secondes qu'en lui adressant un sourire, en lui donnant un coup de main spontané ou en lui faisant un compliment ? On entend souvent que ce n'est pas tant la quantité qui importe que la qualité du temps que l'on passe avec ceux qu'on aime. Que signifie, pour vous, du temps de qualité supérieure ? Savez-vous vous offrir cette joie de donner du bonheur à l'autre ?

23. Cadenas

23. Cadenas

Développer des stratégies de déverrouillage. Prendre conscience que personne ne peut libérer ce que nous avons si efficacement cadenassé en nous.

1. Observation et analyse de l'illustration.

Quelles sont vos chances de découvrir par vous-même les combinaisons qui permettent d'ouvrir ces cadenas? Croyez-vous pouvoir tous les ouvrir avec la même combinaison? L'utilité de ce genre d'instrument est évidemment de verrouiller l'accès à des objets que l'on désire préserver du vol.

2. Interprétations à explorer.

Avez-vous installé ce genre de cadenas sur certains aspects de votre personne, à l'intérieur de vous? Il est fréquent que les gens qui ont vécu des événements marquants se refusent à les partager et conservent ces parties de leur vie verrouillées à l'abri des regards. Le fait de dissimuler cette souffrance ne la fait pas disparaître pour autant: elle demeure présente et se manifeste sporadiquement, elle continue de vivre et d'agir tant qu'elle n'est pas libérée. Si c'est votre cas, vous pouvez tout d'abord tenter de décadenasser votre souffrance en écrivant tous les détails de l'événement où elle prend sa source, en consignant non seulement tous les faits, mais également ce que vous en pensez, ce que vous ressentiez, à l'époque, de même que vos émotions actuelles. Terminez l'exercice en essayant de trouver des explications à ces faits, en formulant des hypothèses nouvelles qui permettraient de clarifier les raisons pour lesquelles les choses se sont produites ainsi: si l'événement implique quelqu'un d'autre, asseyez-vous sur une chaise qui la représenterait pour vous permettre de vraiment vous mettre dans la peau de la personne qui vous a blessé afin d'imaginer avec le plus de justesse possible les motifs de ses comportements. Si vous avez vous-même commis dans votre enfance une action que vous regrettez amèrement et dont le souvenir vous hante, asseyez-vous sur une petite chaise pour tenter de retrouver comment vous vous sentiez et ce qui vous a poussé à faire une telle chose. Ne soyez pas surpris si, au cours de votre démarche, vous ressentez le besoin d'aller chercher de l'aide auprès d'un professionnel afin de libérer enfin les parties de vous-même qui demeurent captives de votre passé, afin de retrouver la combinaison secrète par laquelle vous vous êtes cloîtré. Personne d'autre que vous ne pourra déverrouiller ce que vous avez si efficacement claquemuré au fond de vous, mais vous pouvez choisir la personne qui vous accompagnera dans cette démarche et vous permettra de faire la paix avec votre passé.

Des cadenas verrouillent fréquemment certains aspects de la vie à deux, particulièrement sur le plan sexuel. S'il s'agit d'un choix délibéré («Je n'ai aucune envie de faire...»), que vous en connaissez les motifs et avez déterminé certaines limites, il s'agit d'une attitude saine et réfléchie. Toutefois, si des cadenas bloquent l'expression de gestes que vous ne voulez pas faire, dont vous avez peur ou qui vous inspirent du dégoût en vertu de certains principes moraux qui vous interdisent d'explorer plus avant votre sensualité et de découvrir plus encore celle de l'autre («Ça ne se fait pas, point final»), songez que ces verrous ne peuvent qu'appauvrir votre relation puisqu'en fait vous ne les avez pas choisis et qu'ils ont été disposés par d'autres. Prenez garde au fait que les cadenas sont souvent insidieux: ils s'installent sans déclarer leur présence («Je ne le lui dirai pas, elle doit bien s'en rendre compte que je n'aime pas ça»; «Je ne lui demanderai pas ça, il ne voudra jamais»). La seule façon pour l'autre de comprendre votre combinaison, celle qui vous garde à distance, observateur passif de la relation, est de lui exprimer clairement — et parfois plus d'une fois — ce que vous désirez, quels sont vos besoins et ce que vous n'aimez pas. En général, pour ne pas dire pratiquement toujours, un déverrouillage renforce la complicité et la confiance entre les partenaires, ce qui contribue directement à la richesse et à la longévité de la relation. Quels sont les cadenas de votre vie sexuelle? Y a-t-il des gestes que vous refusez de faire ou de recevoir? Pourquoi et depuis quand? Il n'appartient qu'à vous de reconquérir votre pleine liberté en faisant céder ces chaînes de votre passé.

24. Projecteurs

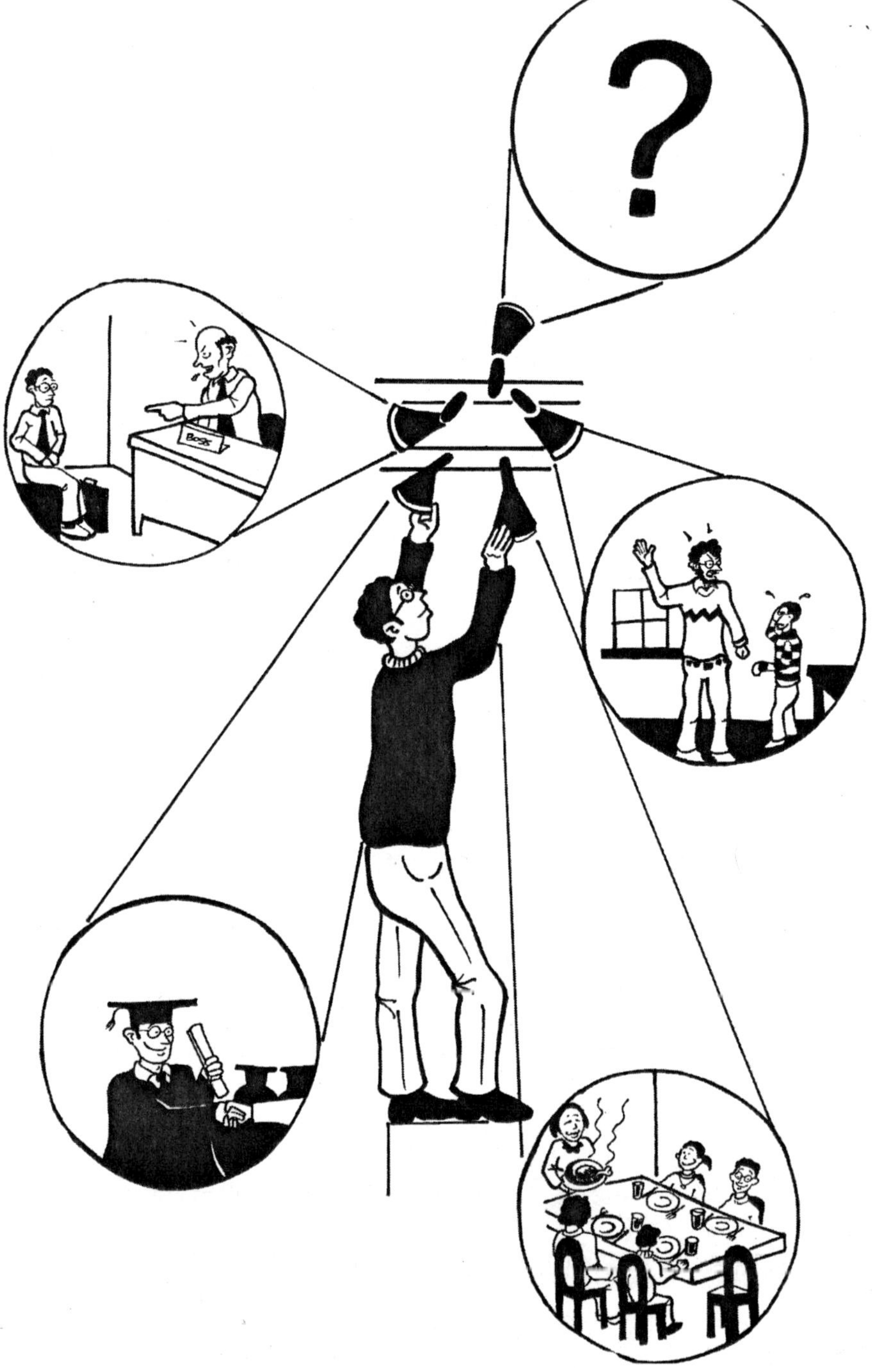

24. Projecteurs

Évaluer l'orientation de nos pensées intérieures et leurs effets. Formuler des projets viables et stimulants pour dynamiser notre énergie vitale.

1. Observation et analyse de l'illustration.

Selon la direction que donne cet homme aux projecteurs, selon l'angle qu'il choisit d'éclairer, il met en lumière certaines des parties du décor, de ses images intérieures ou de ses souvenirs.

2. Interprétations à explorer.

maîtrise de soi

Placez-vous plus souvent vos projecteurs en direction de vos échecs, de vos manquements, des moments difficiles que vous avez connus, ou éclairez-vous plutôt facilement les parties positives de votre vie, vos forces, vos ressources, les personnes qui vous aiment et qui sont importantes pour vous? Chacun de nous connaît de bons comme de mauvais moments, mais nous détenons le pouvoir de diriger notre regard dans l'une ou l'autre direction. Quelle est votre tendance la plus naturelle? Se maintient-elle dans tous vos états d'esprit? Y a-t-il certains de ces états qui vous portent plus spontanément à éclairer les parties négatives ou destructrices de votre passé? Le fait de pouvoir reconnaître qu'un état d'esprit (par exemple, le stress, la fatigue ou la déprime) provoque une orientation pernicieuse peut vous aider à prévenir l'enchaînement des émotions et des pensées néfastes qu'il suscite. Si vous sentez que vos pensées deviennent dépréciatives et dévalorisantes, demandez-vous, par exemple, avant de vous laisser entraîner trop avant, si votre période prémenstruelle n'est pas en cause ou si un événement de votre journée n'a pas déclenché le rappel des sentiments diffus de votre adolescence. Assurez-vous de disposer vos projecteurs internes de façon qu'ils deviennent des catalyseurs de vos ressources et de vos forces.

divers

Le projecteur du haut, en forme de point d'interrogation, illustre la partie de nos pensées consacrée à nos projets, cette part de nos rêves qui agit comme un véritable moteur et nous pousse constamment à aller plus loin. Un couple qui n'entretient que des projets à court terme risque fort de n'être qu'un couple à court terme; une personne qui ne forme pas de projet aurait d'ailleurs tendance à devenir plus facilement dépressive — c'est le cas notamment de personnes âgées, seules ou nouvellement retraitées. Avez-vous des projets, à court, à moyen et à long termes? Sont-ils intéressants, excitants pour vous? Demeurent-ils par ailleurs réalisables? En formez-vous à l'égard de votre vie au travail? de votre vie amoureuse? de votre vie familiale? Plus vous précisez les détails de ces projets, en précisant par exemple le lieu, le moment, le temps, les personnes impliquées et en prévoyant la façon dont vous allez les réaliser, plus ils vous accompagneront vraiment dans votre quotidien et meilleures seront leurs chances de concrétisation.

25. Tempête

25. Tempête

Déterminer les moments où il est préférable d'attendre que passe la tempête. Développer des stratégies qui nous mettent temporairement à l'abri et nous permettent de prendre des forces en attendant d'affronter la rigueur du climat ambiant.

1. Observation et analyse de l'illustration.

Les tempêtes et les bourrasques s'avèrent tout aussi inévitables dans notre vie que dans la nature ; pour pouvoir y résister, il faut savoir se trouver un abri et se protéger, avoir la patience d'attendre que le vent se calme avant de reprendre notre route.

2. Interprétations à explorer.

maîtrise de soi

Nous vivons émotivement des bourrasques très intenses, qu'elles soient causées par des événements extérieurs ou par des bouleversements internes : ménopause ou andropause, changement de carrière, échec personnel, maladie, ou encore un déclencheur qui a réveillé à notre insu le rappel douloureux d'un souvenir de notre passé. Il est possible de décider d'affronter la tempête sans recourir à l'abri, mais il faut alors prévoir le risque que des objets emportés par les vents nous heurtent, que la rigueur et le froid de l'ouragan finissent par vaincre notre résistance et causent notre mort. Il est parfois plus sage de trouver un abri : les moments où nous sommes le plus vulnérables ou que la tempête est trop forte ne sont pas les meilleures périodes pour nous battre et défendre ce en quoi nous croyons ou ce que nous voulons préserver. Mieux vaut trouver un abri pour reprendre des forces en attendant que les choses se calment : cet abri peut être une personne à qui se confier et avec qui prendre le temps de réfléchir à la situation ; un temps d'arrêt, de repos, une période où l'on s'accorde le droit de ne plus analyser ni réfléchir au problème pour seulement s'aérer l'esprit ; aller puiser dans notre bagage de victoires et de forces pour les revivifier, surtout lorsque la tempête semble menacer notre intégrité en nous poussant à une profonde remise en question — les remises en question radicales ne sont pas toutes ni toujours utiles… Est-ce ainsi que vous traversez vos intempéries personnelles ?

couple

Les pourcentages extrêmement élevés de séparation et de divorce impliquent qu'un grand nombre de personnes qui en quittent une autre traversent des remous tumultueux avant que la rupture soit consommée et même après. Bien souvent, les personnes qui vivent de tels moments contribuent à alimenter la tempête et à donner toujours plus de force aux vents violents en insultant l'ex-partenaire au point de détruire complètement le passé et le souvenir même des belles années, en dévalorisant l'autre aux yeux des enfants et des connaissances communes, en faisant obstruction au droit de visite et de garde. La violence de vos réactions indique le plus souvent à quel point vous êtes blessé profondément par cette rupture (rares sont celles qui soient vraiment harmonieuses et qui n'écorchent pas au passage) ; toutefois, elle a pour effet de prendre les enfants en otage et d'alimenter inutilement votre douleur alors que vous accordez, par vos pensées et le temps que vous y consacrez, plus de place et d'emprise à l'autre dans votre vie actuelle qu'au cours de votre vie commune. Si vous sentez que vous serez bientôt pris dans l'œil de la tempête, vous devriez commencer à vous trouver un abri, tandis qu'il en est encore temps, soit en acceptant de négocier raisonnablement dans l'intérêt des enfants comme dans le vôtre ; en fréquentant surtout les amis et les membres de la famille qui croient en votre force de caractère et vous appuieront dans vos démarches de transition tout en évitant, d'autre part, les relations « bien intentionnées » qui cherchent à se repaître des détails et à souffler sur les cendres de votre colère en dénigrant l'autre ; en vous prêtant de bon gré à la médiation familiale, qui permet bien souvent de mieux comprendre comment l'autre vit la rupture et atténue ainsi le sentiment d'injustice ; en prenant soin de vous, en prenant soin de vos enfants de façon plus attentive encore qu'à l'habitude ; en essayant de vous rappeler, rien qu'une fois par jour, une qualité que vous aviez appréciée chez l'autre, ce qui aura pour effet d'édulcorer votre sentiment de colère, voire de haine, puisque cet autre, aujourd'hui détesté et autrefois aimé et chéri, ne forme toujours qu'une seule et même personne.

26. Conseil d'administration

26. Conseil d'administration

Reconnaître les forces intérieures agissant dans différents secteurs de notre vie et la valeur de leur impact.

1. Observation et analyse de l'illustration.

Un conseil d'administration comporte des postes de présidence, de vice-présidence, de trésorerie, de secrétariat et un nombre variable (selon la taille de l'entreprise ou de l'organisme) de conseillers affectés à des dossiers distincts. Chaque personne qui y siège joue un rôle important, mais celle qui occupe la présidence détient un pouvoir décisionnel plus grand. Si tout ce beau monde est compétent et mentalement sain, les décisions prises par le conseil seront pertinentes et productives.

2. Interprétations à explorer.

Saviez-vous que nous possédons tous un conseil d'administration intérieur? Différentes influences nous assistent dans nos prises de décision, dans les orientations de notre vie. En chacun de nous se tiennent plusieurs « autorités », qu'il s'agisse de nos parents ou d'adultes significatifs rencontrés au cours de notre processus de socialisation, qui posent un regard sur nos comportements et les jugent en fonction de leurs valeurs respectives.

Entendez-vous certaines de ces voix à l'intérieur de vous? Qui a été élu pour administrer votre conseil intérieur? Quels sièges y occupent vos parents? Qu'ils soient toujours vivants ou non, leurs enseignements continuent de vous influencer secrètement. Quels sont les domaines de votre vie qu'ils régissent? Il n'est pas rare, par exemple, que la voix de la mère règne sur les activités et rôles sexuels féminins : « Une femme ne devrait pas se laisser faire ça » ; « Une femme ne devrait pas se laisser dire des choses comme ça » ; « C'est à la femme qu'il revient de s'occuper de telle ou telle tâche ». De la même manière, c'est le plus souvent la voix du père qui définit ce que devrait être un « vrai homme » ; même si le père réel n'a *jamais* prononcé de telles affirmations, le fils ou la fille introjecte ce qu'il ou elle croit que son père pense et ces croyances occupent un siège au conseil. Prenez le temps de reconnaître quels personnages vous avez élus aux postes de présidence, de vice-présidence et de conseillers ; des spectateurs assistent-ils aux sessions de votre conseil? Ces forces ou personnes qui vous guident devraient-elles être maintenues ou modifiées?

Certains milieux de travail ou types de patrons s'avèrent extrêmement exigeants. L'attitude de certains dirigeants d'entreprises incite leurs employés à penser que, pour être une personne valable — et non un travailleur valable —, il faut atteindre constamment la perfection, être prêt à faire des heures supplémentaire en toutes circonstances, en dépit de sa vie familiale et amoureuse ou encore de sa santé. Il arrive également que ce type de patron n'ait pas une existence réelle, mais qu'il se révèle néanmoins extrêmement présent, à l'intérieur de nous, jugeant et commentant toute action en fonction de critères de performance élevés — et souvent difficiles à satisfaire. Il faut prendre garde à la pression que ce patron intérieur vous impose, car il s'agit le plus souvent d'une attitude critique acquise. En effet, de façon naturelle et spontanée, votre force vitale tend à vous considérer et à vous traiter avec dignité et respect, de façon équilibrée, cherchant à atteindre des niveaux de performance satisfaisants, mais jamais aux dépens de votre intégrité et de votre personne ; les discours intérieurs dévalorisants, dirigés exclusivement sur ce que vous ne parvenez pas à accomplir et qui s'adressent à vous sur le mode de l'insulte ne sont donc pas prononcés par votre voix intérieure, mais par celle d'une influence critique que vous avez intériorisée. Pouvez-vous nommer les membres de votre conseil d'administration professionnel? Combien de sièges sont dévolus au jugement des autres? Parallèlement aux individus du présent ou du passé que vous avez élus à votre conseil, la reconnaissance sociale, la recherche de la perfection, les besoins matériels y occupent-ils un siège? Vos conseillers et dirigeants s'avèrent-ils tous efficaces et sains? Vous insufflent-ils dynamisme et enthousiasme ou s'avèrent-ils, au contraire, destructeurs? Dans ce dernier cas, vous devriez peut-être songer à en remercier quelques-uns de leurs services…

27. Valise

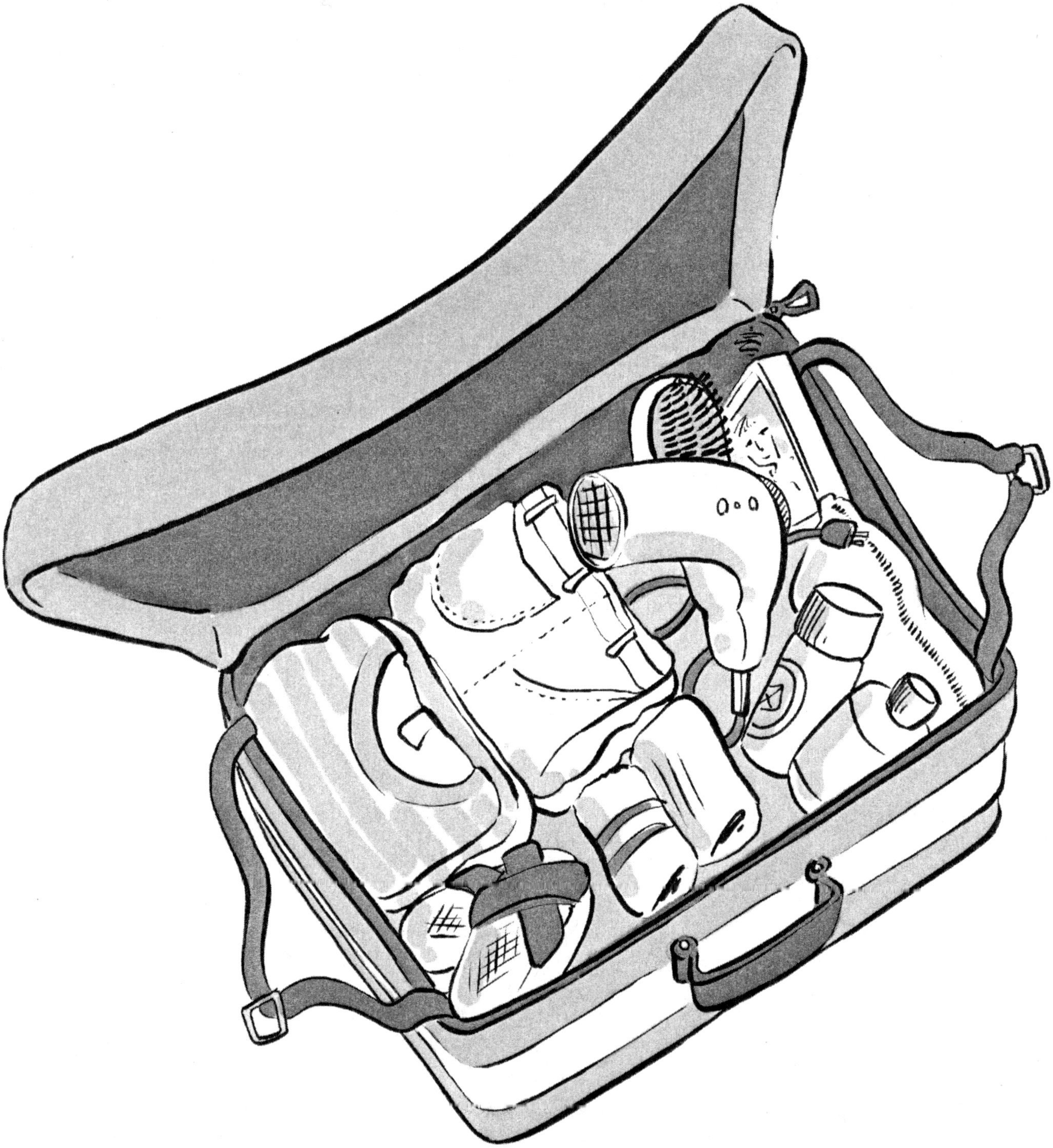

27. Valise

Dresser l'inventaire des ressources intérieures qui permettent de faire face aux coups durs et aux situations délicates, avec les enfants comme dans la vie en général.

1. Observation et analyse de l'illustration.

Une valise est l'élément essentiel de tout voyage, qu'il s'agisse d'une brève escapade ou d'un long séjour à l'étranger : en rangeant tout ce dont nous prévoyons avoir besoin, nous préparons déjà nos activités et tentons de parer à toute éventualité. Selon notre destination, nous emportons avec nous des vêtements légers ou plus chauds, confortables ou plus chics. Dans notre vie aussi nous devons préparer une valise qui permette de faire face à différentes situations.

2. Interprétations à explorer.

parents enfants

La valise du parent s'avère en général insuffisamment pourvue : plusieurs agissent comme si l'enfant venait au monde accompagné d'un « mode d'emploi » qui indique les étapes à suivre en cas d'urgence ou de crise. Bien sûr, chacun possède un bagage parental hérité du modèle de ses propres parents, mais est-il toujours adapté à l'époque où grandissent nos enfants, aux défis qui se présentent à eux et à leur personnalité unique ? Le fait de s'informer et d'aller recueillir d'avance des renseignements sur les prochaines étapes de l'évolution de l'enfant, en faisant des lectures, en assistant à des conférences ou en écoutant des émissions spécialisées, permet d'acquérir une plus grande confiance et d'agir plus efficacement lorsque des situations problématiques se présentent. Le désir d'apprendre toujours de nouvelles choses dans le domaine de l'éducation de ses enfants favorise l'évolution du parent : en cultivant un esprit ouvert et confiant, celui-ci grandit en même temps que l'enfant ; il ne craint pas les écueils et peut guider ce dernier plus sereinement. Plutôt que de consentir à l'urgent besoin de lui montrer *quoi faire*, le parent à l'écoute de son enfant cherche à connaître quelle est sa véritable individualité afin de l'amener à découvrir par lui-même ce qu'il peut et doit faire et comment le faire. Selon Rudolf Steiner, grand pédagogue connu, il y a deux façons de considérer l'enfant : comme un vase qu'il faut remplir ou comme une graine qu'il faut aider à pousser… Si la première vision peut sembler plus satisfaisante pour le parent (qui « domine » ainsi, contrôle et « forme » son enfant), la seconde s'avère porteuse de plus nombreux fruits : l'enfant que l'on soutient grandit mieux et plus fort que celui dont on taille systématiquement les branches et que l'on contraint à pousser dans une direction qui n'est pas la sienne. Votre valise est-elle suffisamment garnie pour faire face à votre rôle de parent ?

maîtrise de soi

Qu'avez-vous prévu dans votre bagage de survie pour enrichir votre vie et la rendre plus épanouie, plus heureuse ? Avez-vous, par exemple, accumulé une bonne dose d'enthousiasme à l'égard de votre potentiel et de la vie en général ? Cette ressource essentielle a la faculté de remplir une vie de victoires et de lui donner un sens. En complément, l'humilité permet d'affronter les échecs et les rejets, d'accepter nos faiblesses, nos limites et nos erreurs. Il y a encore la confiance en soi, qui repose sur une conscience de soi lucide et attentive, et permet d'accepter les émotions qui nous envahissent et de comprendre qu'elles nous indiquent qu'il est important de reconnaître nos besoins et de cultiver la détermination nécessaire à leur actualisation. La détermination est un élément fondamental du bagage d'une vie, car toute entreprise (professionnelle, amoureuse, parentale) génère ses obstacles, et la volonté de les affronter constitue la plus grande source de motivation qui soit.

Dans l'examen de votre valise, considérez vos valeurs, qualités, forces et objectifs, tentez de les définir et de voir qui vous les a légués afin de déterminer ensuite ce qu'il vous manque pour posséder un équipement qui corresponde à ce que vous êtes et vous permette de faire face à toute situation (deuil, divorce, réussite ou défi). Ces outils qu'il vous faudrait acquérir, où croyez-vous pouvoir vous les procurer ?

28. Halte routière

28. Halte routière

Développer le réflexe de s'accorder une pause lorsque le besoin s'en fait sentir, avant qu'il soit trop tard et que la vie nous immobilise de force.

1. Observation et analyse de l'illustration.

Les aires de repos ponctuent les grandes autoroutes afin d'offrir aux conducteurs un lieu où se dégourdir, prendre une bouffée d'air et parfois se restaurer sans trop perdre de temps. Les automobilistes qui n'utilisent pas ce type de relais risquent de développer des problèmes de dos et d'arriver au terme de leur voyage plus épuisés que s'ils s'accordaient de brefs temps de pause pour mieux repartir ensuite, frais et dispos.

2. Interprétations à explorer.

divers

Dans la vie de chacun, des périodes de pause sont nécessaires. Certaines sont volontaires tandis que d'autres nous sont imposées, comme lorsque notre véhicule connaît des problèmes majeurs qui l'immobilisent un certain temps : par exemple, à la suite d'un deuil, l'un sera profondément ébranlé par la fragilité de la vie et n'éprouvera plus l'envie ni le besoin de s'investir dans le quotidien (« À quoi bon ? ») ; un autre vivra pour sa part une intense période de remise en question à la suite d'un échec important, etc. Plusieurs subissent ce temps d'arrêt comme une punition et ne le mettent pas à profit, un peu comme si, à la halte routière, ils demeuraient bien assis dans leur voiture, sans sortir ni respirer l'air frais. Au contraire, ce moment pourra être rentabilisé au mieux si l'on marche un peu en se changeant les idées, soit en effectuant un bilan de ce que l'on a vécu en se fixant de nouveaux objectifs plutôt que de ressasser ses échecs ou ses déceptions, en prenant soin de soi-même, en étant attentif au décor environnant, en se nourrissant de nouvelles perceptions et sensations, etc. Depuis combien de temps avez-vous fait un arrêt dans une aire de repos ? Croyez-vous que votre véhicule l'exigera bientôt ? N'auriez-vous pas avantage à choisir vous-même le moment qui vous convient le mieux ? Quelles sont les activités que vous planifiez et la durée de cette prochaine halte ?

couple

La vie à deux est rarement synchronisée ! Il arrive ainsi que l'un des partenaires amoureux doive obligatoirement s'arrêter dans une aire de repos, ce qui entraîne nécessairement des conséquences sur le rythme de croisière de l'autre ; en effet, les chances que ce dernier s'épuise également sont très élevées, jusqu'à 65 % selon certains. Ce phénomène s'explique tout d'abord parce que le plus résistant doit momentanément compenser la faiblesse de l'autre : les responsabilités que ce dernier assumait à la maison s'ajoutent à celles du premier, qui doit désormais assurer seul l'ensemble des tâches. Sur un autre plan, les activités du couple — qu'elles soient conviviales, sociales ou encore sexuelles — s'espacent et disparaissent : l'atmosphère à la maison s'alourdit, le couple ne se retrouve plus et la dimension affective et érotique de la vie à deux, qui allège habituellement les difficultés et le poids des choses, est totalement court-circuitée. Si l'un ou l'autre d'entre vous est pour le moment immobilisé, prenez bien garde de considérer et de préserver l'équilibre du couple, en prévoyant des mécanismes de ressourcement pour celui qui doit soutenir l'autre et en planifiant des activités à la mesure de celui qui connaît actuellement un ralentissement. En respectant le niveau d'énergie de ce dernier ainsi que les besoins du premier, vous éviterez que le problème de l'un ne finisse par « contaminer » l'autre.

29. Véhicule neuf

29. Véhicule neuf

Préserver le plaisir du nouvel amour et l'attrait de la nouveauté… dans la durée. Développer la curiosité et l'intérêt pour les innovations dans le cadre du travail.

1. Observation et analyse de l'illustration.

En tant que propriétaires d'un véhicule neuf, nous éprouvons le plus souvent un véritable plaisir à l'apprivoiser, à le conduire, à le montrer et développons une attention extrême à sa présentation, le nettoyant régulièrement, choisissant soigneusement les endroits les plus sécuritaires pour le garer, guettant anxieusement l'apparition d'égratignures, etc.

2. Interprétations à explorer.

couple

Les premiers temps des nouvelles amours sont généralement marqués par une admiration démesurée pour la personne aimée ainsi que par une extrême attention à tout ce que nous lui offrons comme à tout ce qui émane d'elle, qu'il s'agisse de notre façon de nous présenter, d'interagir avec l'autre ou de répondre à ses invitations (que nous refusons rarement au cours de cette période). Après quelque temps, toutefois, le « véhicule » perd de son lustre rutilant, à moins d'avoir su le préserver et d'avoir eu beaucoup de chance. Il est inévitable qu'apparaissent des égratignures avec le temps, mais il est toujours possible de s'offrir un traitement choc en faisant refaire la « peinture » du couple. Ce peut être en réservant, par exemple, une plus grande quantité de moments intenses à deux ou, encore, en redéfinissant notre contrat de vie, chacun exprimant alors ce qu'il veut en faire, ce qu'il désire pour le couple et pour l'autre. Garder un véhicule neuf en amour, c'est en fait éviter de simplement « vieillir ensemble », mais plutôt « rester jeunes ensemble » : créer constamment de la nouveauté, cultiver de nouveaux projets à court et à long termes et projeter ainsi ensemble un avenir pour le couple ; faire de régulières mises au point à l'aide de saines discussions, afin d'éviter l'usure prématurée de certaines pièces et d'amoindrir ainsi le plaisir de la conduite. Dans quel état estimez-vous que votre véhicule amoureux se trouve ? Aurait-il besoin d'une simple mise au point ou de réparations majeures ? Un rafraîchissement de la peinture s'avère-t-il nécessaire ? En développant cette métaphore, comment décririez-vous votre vie de couple ?

travail

L'introduction de nouveaux équipements dans l'environnement de travail ou de nouvelles façons de faire dans la dynamique d'une entreprise ou d'un organisme est un phénomène de plus en plus fréquent dans une ère où la compétitivité augmente et exige de constantes transformations. Cette situation se compare à l'acquisition d'un nouveau véhicule : d'une part, les qualités de la nouvelle voiture constituent une amélioration par rapport à l'ancienne ; d'autre part, il faut consacrer du temps et de l'attention à apprivoiser cette nouvelle mécanique pour la conduire avec aisance. Évidemment, l'apparition de nouvelles technologies ou de techniques vient bousculer le cours des choses et certains, qui préfèrent demeurer en contrôle total des éléments qui constituent leur environnement de travail, leur opposent une résistance qui finit par les épuiser. En effet, pour eux, le nouveau véhicule est plutôt encombrant, il est lourd à conduire, il atteint trop rapidement une vitesse élevée et s'emballe, etc. Dans la mesure où le monde du travail ne connaît plus désormais la routine et doit constamment s'adapter à de nouvelles normes, il est préférable de considérer les progrès apportés par les innovations qui marquent le cadre professionnel, de chercher à en tirer une satisfaction et un plus grand confort : dans cet état d'esprit, les efforts à investir pour s'adapter à la nouveauté sont ancrés dans une saine motivation, plutôt que d'être court-circuités par la résistance au changement. Comment réagissez-vous devant un nouveau « véhicule » au travail ? Ne voyez-vous que les efforts que vous devez fournir pour maintenir votre efficacité, ou ressentez-vous l'excitation de la découverte d'un nouvel élément qui peut améliorer et faciliter votre travail ? Savez-vous reconnaître les avantages réels qui accompagneront la maîtrise de ce nouveau savoir ?

30. Rangées et colonnes

A.

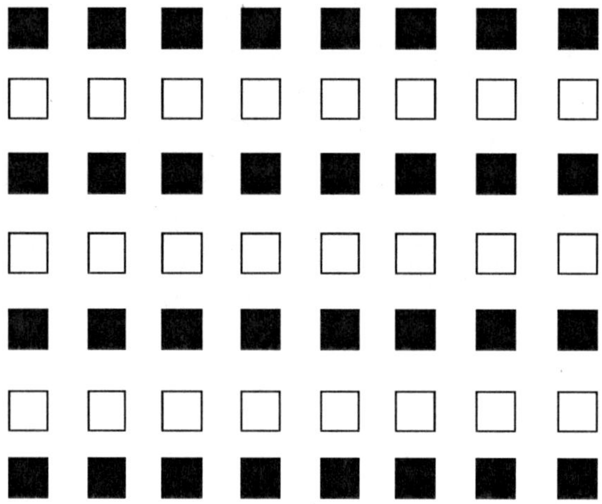

B.

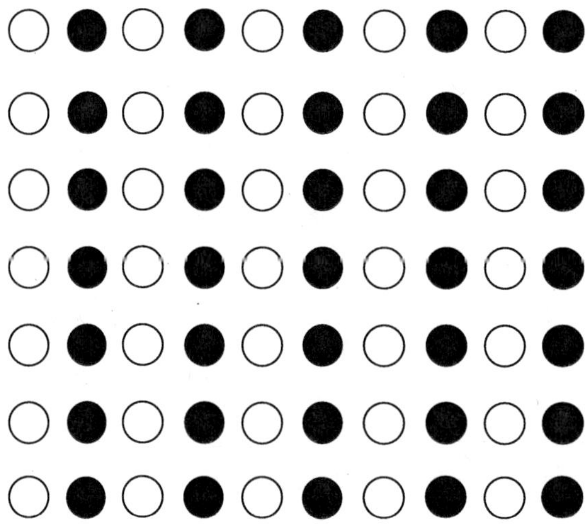

30. Rangées et colonnes

Pour corriger les généralisations spontanées, rectifier les conclusions hâtives et désamorcer les interprétations biaisées par des associations erronées.

1. Observation et analyse de l'illustration.

Que voyez-vous en A? Des rangées ou des colonnes? Et en B? Dans le premier cas, vous voyez sans doute des rangées, bien que tous les carrés soient équidistants et qu'il y en ait autant dans un sens que dans l'autre. Cette façon d'interpréter l'image résulte du fait que le cerveau humain est programmé pour associer spontanément les objets qui se ressemblent: il regroupe donc les carrés noirs ensemble, ce qui produit des rangées en A, et tous les cercles noirs ensemble, ce qui organise les cercles en colonnes. De la même manière, à l'égard des faits et des événements, lorsque l'on ne prend pas la peine de distinguer et de considérer une chose attentivement, notre cerveau opère à son propos des déductions généralisantes qui mènent à un jugement hâtif — et souvent erroné.

2. Interprétations à explorer.

Il est fréquent que les parents adoptent une attitude très critique envers les amis de leurs enfants, notamment à l'époque de l'adolescence, alors que les jeunes cherchent à se démarquer en arborant des vêtements qui les distinguent, des coiffures ou des colorations capillaires parfois étonnantes ou encore par un travail d'ornementation du corps comme le *body piercing*, le tatouage ou les scarifications. Plusieurs parents voient cette prédilection pour la marginalité d'un mauvais œil. Ainsi, plusieurs concluront, en voyant un adolescent tatoué, qu'il prend nécessairement de la drogue parce que plusieurs criminels ou adeptes des drogues portent des tatouages. Toutefois, si plusieurs de ces derniers sont tatoués, cela ne signifie aucunement que tous les tatoués soient des criminels ou des consommateurs de substances illicites. Devant la différence et la marginalité des amis de vos enfants (ou de vos enfants eux-mêmes), prenez le temps de vérifier ce qui les attire vers une mode particulière et de faire quelques investigations sur les significations qu'ils donnent au tatouage ou au crâne rasé. Les jugements hâtifs et définitifs peuvent être à la source de nombreux conflits avec votre enfant et causer des tensions inutiles; tenez-vous donc sur vos gardes et faites attention à ce que votre esprit a spontanément tendance à vous offrir comme conclusion.

Harvill Hendrix, qui a beaucoup étudié les relations conjugales, affirme que 60 % des conflits dans un couple sont insolubles. Il semble que certains irritants de la vie quotidienne ne disparaîtront pas d'eux-mêmes et reviendront inévitablement, quoi que vous fassiez. Ce phénomène peut induire votre cerveau à de mauvaises interprétations. Par exemple, si les bas que la personne aimée abandonne chaque soir à côté du lit vous agacent au plus haut point, vous en conclurez sans doute, chaque fois que vous voyez ses bas traîner, que les choses ne changent pas, qu'elles ne changeront jamais et, plus encore, que *rien* ne changera *jamais*. Une généralisation de ce genre attaque directement votre motivation à préserver la qualité de votre relation, à y consacrer énergie et attention; elle risque même de causer d'autres conflits, à propos d'autres irritants qui prennent alors des proportions démesurées. Lorsque vous vous surprenez à tout comptabiliser dans la colonne des «moins» («Bon, encore une fois, il vient de le faire. On sait bien, il ne fait jamais attention, il fait toujours exprès...»), vous devriez tenter de voir à partir de quel problème, quel irritant, vous avez généralisé aussi largement et en êtes venu à croire que ce ne sont pas 60 % des conflits entre vous qui ne peuvent se régler, mais 100 % de l'attitude de l'autre qui cause problème et ne changera jamais. Évidemment, la seule façon de désamorcer vos conclusions est tout d'abord de remettre en contexte les actions «semblables» et de les distinguer les unes des autres, de déterminer lesquelles sont immuables et lesquelles pourraient être modifiées, puis de prendre le temps d'en discuter avec l'autre et de lui expliquer ce que déclenche en vous la répétition de certaines de ces attitudes.

Que ce soit dû à la courbe de notre rythme circadien (biorythme naturel) ou à des événements difficiles qui nous tombent dessus, il arrive que nous vivions des baisses d'énergie qui, quoique temporaires, peuvent avoir des effets négatifs durables. Dans ces moments où nous ne disposons plus d'énergie, notre vigilance à valider nos jugements connaît également une baisse d'efficacité, notre cerveau fonctionne en conséquence d'après son programme de généralisation et nous avons tendance à tout confondre et à tout ranger dans la catégorie « plus rien ne va ». Il faut alors apporter un surcroît d'attention, dans ces moments, afin de distinguer ce qui appartient aux conditions extérieures de ce qui ne peut être changé et doit être accepté, ou encore de ce qui demeure ponctuellement lié à la situation actuelle et passera avec le temps.

Chasser les idées noires par le paranormal

En temps difficile, les gens ont davantage tendance à croire aux phénomènes paranormaux qu'en période de sérénité et adhèrent plus facilement à ces événements qui, s'ils sont réels, vont à l'encontre des principes scientifiques de base (superstitions, prémonitions, télékinésie et autres phénomènes similaires). Certaines études suggèrent que le sens critique des gens qui doivent faire face à des situations difficiles devient déficient, tout comme leur habileté à traiter les informations, ce qui expliquerait leur croyance en ces phénomènes. D'autres proposent que ces opinions aident les infortunés à réduire leur niveau d'anxiété et à se sentir moins impuissants devant les événements. Toutefois, dans la vie quotidienne, il semble que les personnes qui croient aux phénomènes paranormaux aient déjà une tendance à être dépressives ou à se sentir impuissantes. Bien que le sens du lien de causalité soit difficile à établir, une chose est sûre : autour des croyances paranormales rôdent généralement quelques idées noires... Méfions-nous !

Tiré d'un texte de Sophie Desjardins, dans *Psychologie Québec,* selon un article de Dudley, R. T., 2000, « The Relationship Between Negative Affect and Paranormal Belief » dans *Personality and Individual Differences,* 28, p. 315-321.

Station-service

31. Station-service

Pour développer le réflexe d'évaluer son niveau d'énergie et pour apprendre à choisir les causes à défendre selon les ressources dont on dispose.

1. Observation et analyse de l'illustration.

Reconnaissez-vous cette icône? Comme vous le savez sans doute, ce panneau vous avertit qu'une station-service croisera bientôt votre route et que vous pourrez y faire le plein. Il existe plusieurs types de stations-service, certaines pour les véhicules automobiles et d'autres pour les «véhicules» humains. Toutefois, nous oublions le plus souvent l'existence de ces dernières et ne reconnaissons pas toujours les moments où nous aurions besoin de faire le plein: vous faudrait-il songer à installer quelques panneaux de signalisation pour vous y faire penser?

2. Interprétations à explorer.

Le *burnout* est un néologisme qui est apparu dans notre vocabulaire quotidien au cours des deux dernières décennies, parce que le mode de vie actuel diffère sensiblement de celui d'avant: le monde du travail est aujourd'hui plus exigeant, les niveaux de performance s'élèvent sans cesse et plusieurs, qu'ils soient travailleurs, professionnels ou étudiants, s'épuisent en tentant d'y faire face. En dépit des milliards de dollars investis en congés de maladie ou en développement de ressources pour améliorer la situation, il semble que les gens n'aient pas encore appris à détecter les stations-service, à reconnaître les endroits où ils pourraient se ressourcer et les moments où ils devraient le faire. Les gens croient souvent qu'ils doivent prendre de longues vacances pour refaire adéquatement le plein d'énergie: deux ou trois semaines au soleil et, surtout, quelque part loin de la maison. Cependant, quand on y regarde bien, il est possible de trouver des stations à de nombreux endroits sur notre route: ce peut être simplement un sourire échangé avec un collègue; rendre de bon cœur un service à quelqu'un ; prendre trente secondes, assis à notre bureau, en fermant les yeux et en faisant le vide à l'intérieur de nous; porter attention à une musique entendue à la radio, qui vient éveiller de bons vieux souvenirs, et s'abandonner un moment au bonheur d'autrefois; prendre plaisir à utiliser une nouvelle tasse à café, réconfortante parce qu'elle est porteuse de l'affection de la personne qui nous l'a offerte ou parce que c'est une petite marque d'attention que l'on s'est accordée à soi-même. Les stations-service dont notre corps et notre esprit ont besoin ne nous obligent pas nécessairement à faire de longs détours ni de longues pauses; elles ont plutôt pour fonction de mettre à notre disposition, à tout moment, lorsque le besoin s'en fait sentir, de petites doses d'essence.

Il n'y a pas de métier plus exigeant et qui demande autant d'attention et d'énergie, 24 heures sur 24, que celui d'être parent. Plusieurs parents ont l'habitude de prendre soin des leurs, comme c'est le «travail» du parent, mais oublient souvent que pour pouvoir donner il faut être «rempli». Il est difficile de conserver intactes sa patience et sa tolérance, de préserver une attitude de bon pédagogue et de parent aimant, de maintenir constamment le plaisir de la vie familiale et conjugale lorsque l'on ne se ressource pas, sur les plans personnel, amoureux et familial. L'un des moyens les plus efficaces de faire le plein et de cibler ses dépenses d'énergie est d'éviter de faire du 24 heures sur 24, en choisissant ses chevaux de bataille d'après les ressources d'énergie dont on dispose. S'il ne vous reste plus beaucoup d'essence dans votre réservoir, vous conviendrez aisément qu'il n'est pas opportun d'accélérer pour dépasser une filée de voitures. La vaisselle n'est pas ramassée mais vous n'avez plus d'essence? Tant pis pour ce soir. Votre petit garçon n'a pas mis le bon pyjama ou n'a pas rangé ses jouets? Il n'est peut-être pas nécessaire de perdre un gros trois-quarts d'heure à négocier sur ce point si vous êtes épuisé. Lorsque vous sentez qu'une tâche ou une responsabilité vous pèse plus que d'ordinaire, évaluez d'abord le niveau de vos réserves et, si nécessaire, refaites un plein (ou un demi!): cuisinez quelque chose de spécial pour vous permettre de manger tous les deux en amoureux, plus tard, lorsque les enfants seront couchés; plutôt que de vous astreindre à un marathon de ménage, de lavage de vêtements et de vaisselle dès que les enfants sont au lit, prenez soin de vous en écoutant une bonne musique, en lisant un bon livre, en vous accordant le temps et le plaisir d'un bain prolongé.

Les parents doivent porter une attention particulière à la jauge de leur réservoir d'essence: persister à rouler sans carburant risque de vous coûter plus cher, lorsque vous devrez vous arrêter sur le bas-côté de la route en attendant la remorqueuse. Est-ce que vous portez parfois attention à votre jauge, ou attendez-vous d'être complètement à plat pour refaire vos énergies? Que pourriez-vous faire pour développer le réflexe de tenir compte de votre niveau d'énergie de façon plus régulière et spontanée? Il peut s'avérer utile, pour ancrer ce réflexe, de placer l'image d'un thermomètre sur le réfrigérateur, ou encore de laisser un thermomètre bien en vue, dans la salle de bain, pour vous obliger à penser à vos réserves d'énergie. Un niveau adéquat est l'une des conditions essentielles pour le maintien d'une vie familiale harmonieuse.

Vous aurez sans nul doute remarqué qu'au début d'une relation amoureuse le réservoir se remplit facilement et rapidement, pratiquement de lui-même. C'est justement parce que tout paraît si aisé et naturel dans les premiers temps que plusieurs couples s'inquiètent lorsque leur réservoir se vide et ne se remplit plus aussi vite qu'avant: ils en concluent qu'il s'agit là d'un signe indiquant qu'ils ne sont pas faits pour vivre ensemble. ERREUR. Un couple a besoin d'être renouvelé, nourri, et doit prendre le temps de refaire le plein. À quand remonte la dernière fois où vous avez mis du carburant dans le réservoir du couple? Qu'aviez-vous fait à ce moment-là? Était-ce un geste qui vous faisait plaisir à tous les deux? Si vous avez une vie professionnelle très active en plus d'une vie familiale à laquelle vous consacrez beaucoup de votre temps, il est fort probable que le couple soit la dernière sphère de votre vie où vous pensiez à mettre de l'essence; pourtant, c'est lui qui tient tout le reste ensemble. Prenez le temps d'écrire au moins trois choses que vous ferez au cours du prochain mois pour mettre de l'essence dans votre réservoir amoureux et vous découvrirez que, d'une façon étonnante, en investissant dans votre couple, l'ensemble de votre vie s'en trouvera amélioré.

La vie est...

La vie est une chance, saisis-la.

La vie est une beauté, admire-la.

La vie est une béatitude, savoure-la.

La vie est un rêve, fais-en une réalité.

La vie est un défi, fais-lui face.

La vie est un devoir, accomplis-le.

La vie est précieuse, prends-en soin.

La vie est une richesse, conserve-la.

La vie est amour, jouis-en.

La vie est un mystère, perce-le.

La vie est une promesse, remplis-la.

La vie est tristesse, surmonte-la.

La vie est un hymne, chante-le.

La vie est un combat, accepte-le.

La vie est une tragédie, prends-la à bras-le-corps.

La vie est une aventure, ose-la.

La vie est un bonheur, mérite-le.

La vie est la vie, défends-la.

Mère Teresa

32. Brosse magique

32. Brosse magique

Évaluer et calibrer sa capacité personnelle d'absorption des désagréments familiaux et en amitié.

1. Observation et analyse de l'illustration.

Vous connaissez sans nul doute ces «brosses magiques» qui ramassent en un tour de main les charpies, poussières, poils et cheveux sur un chandail ou un pantalon? Évidemment, l'efficacité de la brosse dépend de son utilisation adéquate: que l'on passe la brosse dans le mauvais sens et, plutôt que d'épousseter, elle étale tous les détritus qu'elle avait accumulés; que l'on néglige de la nettoyer et sa capacité d'absorption sera bientôt réduite.

2. Interprétations à explorer.

habiletés sociales

Vous arrive-t-il d'utiliser votre brosse de relations personnelles dans le mauvais sens, alors que vous renvoyez à l'autre, par vos paroles ou votre attitude, toutes vos frustrations et déceptions accumulées? Dans ces circonstances, la relation s'améliore-t-elle, en acquérant plus de profondeur et de richesse, ou au contraire se détériore-t-elle toujours un peu plus? Comparez votre état de réceptivité envers l'autre à votre brosse miracle déjà pleine de charpies: si vous avez atteint un point de saturation, en retenant toujours les commentaires que vous voudriez formuler, comment croyez-vous pouvoir accueillir l'autre et être disponible? Évidemment, une relation parfaite et idéale n'existe pas et il faut nécessairement accepter que l'autre ne soit pas toujours disponible au moment où vous en avez besoin, que l'autre ne soit pas toujours d'excellente humeur, qu'il n'ait pas toujours le mot approprié, le compliment bien tourné, qu'il n'agisse pas constamment avec délicatesse, tact et psychologie ni ne puisse déployer à chaque rencontre des trésors d'attention! Votre brosse amicale doit donc être capable d'absorber quelques-uns des inconvénients liés au contexte et à la personnalité de la personne avec laquelle vous êtes en relation, et vous devez, pour votre part, être capable de la nettoyer régulièrement, en pardonnant vraiment, sans retenir l'ombre d'un fil. Ainsi, si une remarque vous blesse, passez votre brosse magique du bon côté, c'est-à-dire en ne relevant pas le «manquement» que l'autre vient de commettre à votre égard et faites la part des choses (il est tellement fatigué ces temps-ci; il ne sait pas comment réagir autrement) en nettoyant la surface absorbante sans trop y porter attention. Si vous êtes plutôt le genre de personne qui garde tout sur la brosse, qui n'oublie jamais, qui ne pardonne pas, qui formule un jugement sévère sur l'autre et qui reçoit tout commentaire, même le plus anodin, de façon «personnelle», vous nourrissez vous-même votre solitude et votre sentiment d'être mal aimé, incompris et de n'être pas apprécié à votre juste valeur.

parents enfants

Les enfants et les adolescents vivent un processus continu d'apprentissage et accumulent donc des erreurs (c'est ainsi que l'on apprend!), d'autant plus que leurs apprentissages sont multiples: la propreté, la discipline, la gestion du temps, les relations avec les autres, sans compter la réflexion aux questions «Qui suis-je?», «Qu'est-ce que je vais ou veux faire?», «Comment vais-je y arriver?» L'ampleur de ce processus exige que vous ne conserviez pas *chaque* charpie sur votre brosse pour lui en faire le reproche («Je ne peux plus te faire confiance parce que tu as fait cette erreur qui me prouve que tu es incapable de prendre tes responsabilités…»). Évidemment, certains accidents de parcours requièrent un nouvel encadrement de la part du parent et des efforts supplémentaires chez l'enfant pour prouver le sérieux de son désir de s'améliorer. Toutefois, plusieurs erreurs sont, à bien y réfléchir, tout à fait pardonnables — et doivent être pardonnées. Dans l'éducation des enfants, l'une des équations valables depuis toujours est la suivante: Parent = donner + pardonner + répéter. Si vous estimez qu'expliquer une chose ou formuler une consigne une seule fois suffit pour que votre enfant comprenne, apprenne et intègre un enseignement, votre seuil de tolérance est évidemment peu élevé à l'égard de ses erreurs, votre confiance en lui est pratiquement inexistante et vous lui renvoyez constamment l'image de son incapacité et de ses échecs. Si vous adoptez un point de vue différent, en réfléchissant par exemple à vos propres mécanismes d'apprentissage (vous relisez probablement les consignes au moins deux fois avant d'utiliser un appareil qui vous est inconnu), vous pourrez lui accorder raisonnablement le droit à l'erreur, lui enseigner qu'apprendre est un défi plutôt qu'une punition et vous expérimenterez, de plus, que votre souplesse devant certains de ses égarements contribue à la richesse de votre relation.

33. Dépanneuse

33. Dépanneuse

Déceler nos attitudes «secourables» qui deviennent des pièges. Répertorier les personnes et services aptes à nous venir en aide.

1. Observation et analyse de l'illustration.

Les dépanneuses sont équipées d'un treuil qui leur permet de remorquer les voitures en panne : il en existe plusieurs modèles, variant selon la taille des véhicules qu'elles peuvent assister. En général, les dépanneuses se voient assigner un territoire défini qui leur est exclusif ; en contrepartie, elles ne peuvent aller remorquer des automobiles dans des zones qui ont été attribuées à d'autres.

2. Interprétations à explorer.

habiletés sociales

Avez-vous l'impression d'agir comme une dépanneuse auprès de vos amis et de votre famille ? D'être la personne qui, toujours prête à rendre service, passe des heures au téléphone à consoler l'un ou à recevoir la confession de l'autre, et qui répond aux besoins des autres avant même qu'ils les formulent clairement ? Le piège de cette situation est que vous sentez probablement parfois (peut-être même de plus en plus souvent) que l'on abuse de vous, que l'on exige de vous plus que de toute autre personne de votre entourage, tout en estimant qu'il est parfaitement normal que vous soyez toujours là. Examinez votre attitude en général à l'égard des autres : leur laissez-vous l'impression très nette que vous serez toujours disponible pour eux ? Que vous serez toujours prêt à consoler, soutenir, appuyer ou écouter ? Que vos problèmes importent moins que les leurs ? Que vous êtes tellement fort que vous n'avez pas besoin que quelqu'un prenne soin de vous à son tour ? Dans ces circonstances, il est normal que vous vous sentiez seul dans les moments difficiles et que nul ne vienne vous remorquer : en affichant clairement que vous n'avez besoin de personne, personne ne se présente lorsque vous ressentez le besoin d'être écouté ou réconforté. La solution n'est sans doute pas d'abandonner votre essence «dépanneuse» du jour au lendemain : celle-ci vous définit depuis trop longtemps pour que vous cassiez brutalement votre moule. Au contraire, inspirez-vous des règles qui régissent les remorquages, en limitant votre action à certaines zones définies et en dépannant uniquement des véhicules dont la taille n'excède pas la force de votre treuil. Certains problèmes s'avèrent en effet beaucoup trop lourds pour une dépanneuse «non professionnelle» : les états suicidaires, les divorces difficiles, les deuils ne peuvent être pris en charge uniquement par votre treuil ; une approche professionnelle ou multidisciplinaire sera sans doute nécessaire pour que le «véhicule» atteint parvienne à réparer en profondeur les blessures qui l'ont immobilisé.

maîtrise de soi

En cas de besoin, connaissez-vous le numéro d'une dépanneuse qui pourra vous secourir ? Savez-vous qui appeler à ce moment-là ? Il est parfaitement inutile de héler un véhicule qui ne possède ni la robustesse ni l'équipement pour vous remorquer mais, en période de grande vulnérabilité, la majorité des gens ont néanmoins le réflexe de se confier à des amis, parfois même au premier venu. Cette démarche peut sembler avoir des résultats positifs sur le moment (ne serait-ce que grâce au soulagement ressenti lors de la «confession»), mais se révèle, à long terme, totalement inefficace, voire nuisible, dans la mesure où l'on ne parvient pas à dépasser le simple ressassement des mêmes histoires, des mêmes idées, des mêmes problèmes. En outre, quelqu'un qui aurait besoin d'aide finit par se convaincre que *personne* ne peut l'aider — puisque rien ne change. Dans ces moments où la fatigue, l'épuisement, la honte, la culpabilité, le ressentiment ou la colère prennent toute la place, il est crucial de trouver rapidement la dépanneuse qui saura remorquer efficacement votre véhicule : ce peut être un ami ou une connaissance, à condition qu'il s'agisse d'une personne sans complaisance qui ne fera pas que s'apitoyer sur votre sort ; ce peut être également un professionnel qui saura vous écouter sans être pris affectivement dans les nœuds de votre problème. Lorsque vous en avez besoin, à qui faites-vous appel ? Combien de temps attendez-vous sur le bas-côté de la route avant de vous résoudre à demander de l'aide ? À quand remonte votre dernière panne ? Quelles ont été vos stratégies de réaction à ce moment-là ? Pouvez-vous dresser une liste de dépanneuses dans votre entourage ? En quelles circonstances chacune serait-elle susceptible de vous appuyer adéquatement ?

34. Diversité des essences

Séquoia

Épinette noire

Saule pleureur

Peuplier de Lombardie

34. Diversité des essences

Reconnaître et admettre la richesse des différences pour leur accorder toute leur valeur.

1. Observation et analyse de l'illustration.

L'innombrable diversité des essences d'arbres d'une forêt constitue la richesse même de ce boisé : chaque variété possède ses couleurs, ses odeurs, son rythme de croissance, ses besoins propres et ajoute sa beauté à l'ensemble en y apportant sa valeur particulière, qu'elle soit esthétique ou utilitaire.

2. Interprétations à explorer.

maîtrise de soi

Quelle est votre essence ? Quelle sorte de personne êtes-vous ? Vous comparez-vous au séquoia géant, grand, fort, imposant, ou plutôt à l'épinette noire, élancée, mince et plus fragile ? Acceptez-vous d'être l'un plutôt que l'autre ? Perdez-vous du temps et de l'énergie à déplorer de n'être pas né autrement, de ne pas appartenir à une essence dont vous enviez les caractéristiques, en laissant en friche celles qui vous ont été attribuées ? Pouvez-vous reconnaître ce que chaque essence, y compris la vôtre, a de parfaite en elle-même ? Votre personnalité appartient-elle à la famille du saule pleureur, dont l'ampleur occupe beaucoup d'espace et dont les racines se ramifient sur des distances phénoménales, ou à celle du peuplier de Lombardie, qui grandit tout en hauteur, en raffinement et qui demeure plutôt discret ? Quelles sont les qualités d'esprit et de cœur qui sont typiques à votre essence ? Pouvez-vous dresser une liste des avantages et des inconvénients de votre nature ? Quelles sont les parties que vous acceptez plus difficilement ? Celles sur lesquelles vous vous appuyez et que vous mettez en évidence ? Diriez-vous que vous êtes parvenu à exploiter efficacement votre différence, votre essence particulière ? Constitue-t-elle une richesse pour vous ? En êtes-vous fier ? Dans les prochains jours, tentez d'apprécier véritablement votre essence, en constatant à quel point vous êtes unique : chaque individu d'une espèce ou d'une essence possède, au-delà des caractéristiques de son groupe, une unicité qui le fait être lui-même ; votre profil, vos aptitudes, vos attitudes, vos qualités et vos faiblesses ne peuvent être reproduits par personne. Pouvez-vous vous accorder ce bonheur d'être unique et « spécial » ? Pouvez-vous vous appuyer sur votre différence pour que vos particularités prennent toute leur ampleur et s'affirment comme elles le méritent ?

parents enfants

Il est parfois très étonnant de constater à quel point des parents plutôt épinette et mélèze donnent naissance à des chênes ou à des séquoias : certains parents trouvent même difficile de vivre auprès d'êtres qui leur sont à la fois si semblables et si différents. Le rôle du parent consiste d'abord à découvrir l'essence profonde de son enfant, puis à la respecter en rassurant le jeune sur la perfection de sa nature. Si le parent est lui-même dérouté par certains aspects du caractère de l'enfant, il est préférable de convenir qu'il lui est difficile de vivre avec ces aspects parce qu'il ne les connaît pas lui-même, plutôt que d'inciter son fils ou sa fille à réduire les manifestations qui le dérangent. Par exemple, un parent réservé, dont l'enfant semble dénué de toute crainte à aller vers les autres, aura peut-être tendance à refréner les impulsions de relations publiques du jeune, lui disant qu'il lui faut être poli, qu'il ne faut pas déranger les adultes, qu'on ne pose pas comme ça des questions aux gens pour savoir ce qu'ils font dans la vie, etc. Toutefois, en admettant ses limites, en expliquant à l'enfant les raisons de son malaise devant ce comportement, le parent permet à l'enfant de reconnaître en lui et de cultiver cette caractéristique tout en la tempérant d'une certaine réserve, apprenant par exemple à reconnaître plus facilement les moments où il est possible d'aller vers l'autre et à détecter les occasions où cette démarche risque d'être mal reçue. En quoi vos enfants ont-ils des essences différentes de la vôtre ? Comment y réagissez-vous ?

35. Antenne parabolique

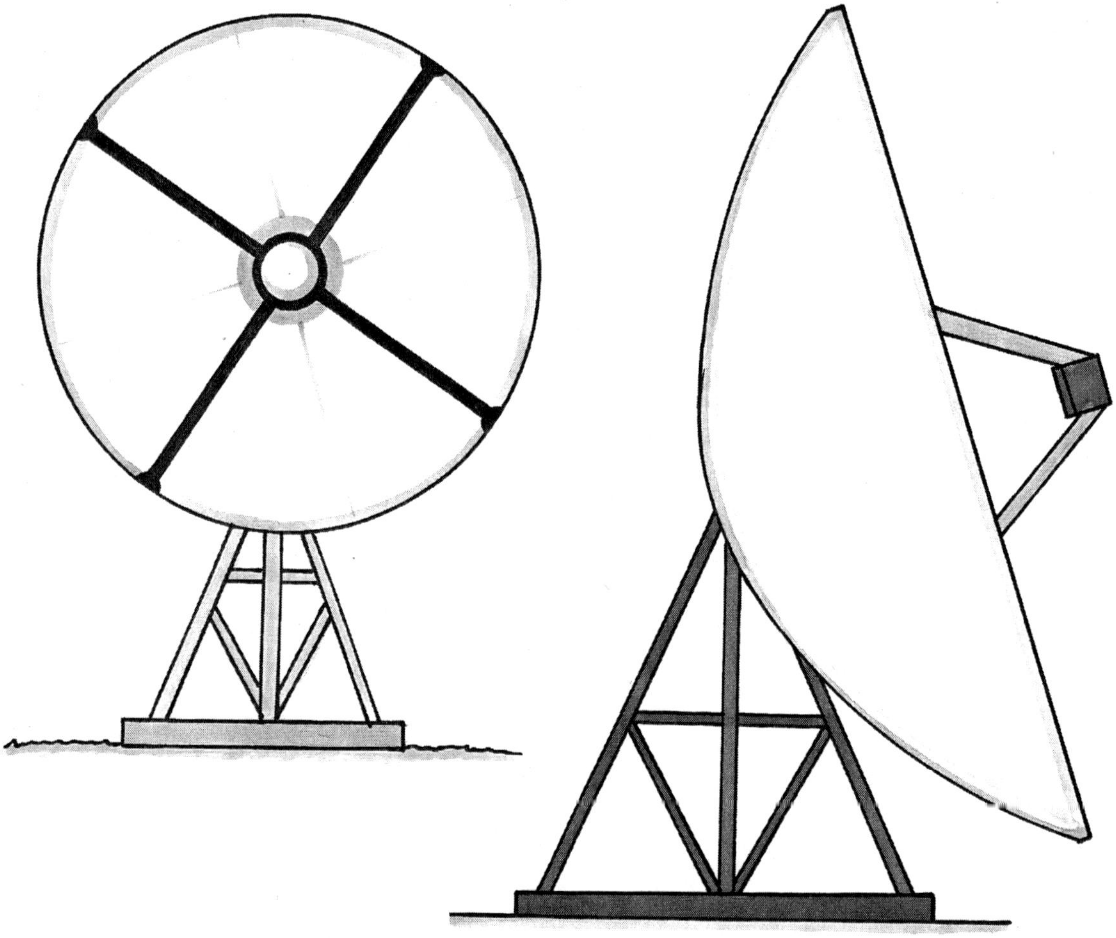

35. Antenne parabolique

Reconnaître la part implicite et non verbale des échanges interpersonnels. Développer une nouvelle sensibilité à ses propres messages.

1. Observation et analyse de l'illustration.

Les antennes paraboliques sont expressément conçues pour capter des micro-ondes, qui sont ensuite décodées et traduites en message diffusé par le téléviseur.

2. Interprétations à explorer.

Nous aurions tout intérêt à développer une sensibilité d'antenne parabolique afin de pouvoir décoder les messages que nous lancent ceux qui nous entourent: parfois, un sourire peut inviter à faire plus ample connaissance; en d'autres occasions, les bras croisés sur la poitrine de notre interlocuteur pourraient nous indiquer qu'il est complètement fermé à la discussion et qu'il est donc inutile d'insister plus avant — on évitera ainsi la frustration de ne pas être écouté. Ces messages corporels que nous omettons de voir ou interprétons de façon incorrecte peuvent nous guider parfois plus infailliblement que le seul message verbal. Le raffinement de cette faculté à percevoir les signaux corporels améliore de façon très nette l'habileté à entrer en relation avec l'autre et à entretenir des rapports sains: en détectant les frontières et les limites qui balisent le terrain d'échange, en reconnaissant les signes des besoins de l'autre, il est plus facile d'éviter de commettre des impairs ou de pousser dans ses derniers retranchements et de blesser, sans s'en rendre compte, la personne dont on voulait se rapprocher. Possédez-vous ce genre d'antenne? Vous branchez-vous volontairement sur ces canaux corporels pour capter les signaux que les autres vous envoient? La dimension non verbale constitue à elle seule 80 % de la communication interpersonnelle: il est donc essentiel de tenir compte, dans vos relations, de ce qui ne se dit pas mais influence considérablement l'ensemble des échanges. Ce que vous ressentez au moment où vous êtes en présence de votre interlocuteur s'avère donc d'une extrême importance: ne le rejetez pas du revers de la main en vous disant que vous vous faites des idées mais, au contraire, remarquez que plus vous vous reposez sur cette partie perceptive de vous-même pour décoder et interpréter ce que l'autre vous communique, plus cette faculté s'exerce avec une finesse et une précision croissantes.

Percevez-vous les messages qui émanent de votre propre personne, de votre corps, de vos émotions, de vos besoins? Par exemple, le corps peut vous signifier que vous êtes fatigué en accumulant les symptômes du manque de sommeil, le matin (difficulté à se lever), le soir (éreintement généralisé et récurrent) ou en cours de journée (mauvaise concentration, distractions fréquentes). Les messages des émotions sont généralement moins limpides; toutefois, en vous exerçant à les reconnaître, vous les saisirez plus rapidement et souffrirez moins longtemps de la «période à messages». Par exemple, si à l'idée d'aller faire une promenade dans les bois vous avez le souffle court, le cœur qui bat la chamade, des tremblements et un sentiment d'affaissement, il est possible qu'une phobie de certains insectes ou petits animaux vous envahisse. Nous savons aujourd'hui qu'il est possible d'éradiquer complètement une phobie: il n'y a donc aucune raison qui justifie que vous subissiez de tels symptômes et laissiez votre vie être limitée par vos peurs.

Si la puissance d'une antenne parabolique peut varier de 0 (hors tension) à 100 (intensité maximale), à combien chiffrez-vous votre propre capacité à capter vos signaux? Pouvez-vous trouver des façons d'améliorer votre faculté d'autoperception? Ce peut être, simplement, de faire l'effort de vous arrêter pour vous mettre à l'écoute de vous-même; dans la majorité des cas, vous savez déjà intérieurement ce que vous voulez et devez faire, mais vous refusez de l'entendre. Parfois, l'expérimentation permet d'éliminer les diverses hypothèses qui semblaient s'équivaloir ou manquaient de précision. En reconnaissant qu'il faut beaucoup de courage pour «se» choisir et respecter sa nature profonde, en suivant sa propre voie, vous découvrirez que, parallèlement à la difficulté et au prix qu'exige ce choix, votre vie s'épanouit, s'enrichit et devient plus heureuse — peut-être simplement parce que votre corps et votre esprit parlent maintenant le même langage...

36. Tour de contrôle

36. Tour de contrôle

S'obliger à développer une vision plus globale d'une situation particulière comme de la vie en général.

1. Observation et analyse de l'illustration.

Une tour de contrôle a pour fonction de diriger le trafic aérien, en aiguillant les avions de façon à éviter les collisions ; elle demeure en contact permanent avec les pilotes afin de s'assurer constamment de la sécurité de leur vol, en tenant compte de leur trajectoire et en la rectifiant au besoin, en transmettant toute information météorologique pertinente, etc.

2. Interprétations à explorer.

maîtrise de soi

Nous manquons souvent de hauteur et de perspective dans notre façon de voir les choses : se poster dans une tour de contrôle permet justement d'avoir une vision plus large, plus globale et souvent plus objective de la situation : en tenant compte de tous les facteurs, il est possible de mieux évaluer les priorités qu'il nous faudrait respecter. Si vous montez dans votre tour de contrôle pour observer le tarmac et le territoire aérien de votre aéroport personnel, quels besoins vous paraissent prioritaires ? Devriez-vous faire atterrir ou décoller certains de vos avions-projets ? Certaines parties de votre personnalité doivent-elles être limitées ou contraintes, de la même manière que les manœuvres d'atterrissage ont pour objet de réduire les gaz et d'amorcer la descente de l'appareil ? Avez-vous commencé à opérer certaines de ces manœuvres pour diminuer ou cesser de reproduire les comportements qui nuisent à votre épanouissement ?

travail

Au cours d'une vie, il y a au moins deux manières de faire les choses : soit on laisse les événements et les hasards décider de la voie à suivre, soit on planifie l'atteinte de nos objectifs et on se donne consciemment les moyens de les réaliser. Dans ce cas, généralement plus profitable que la première méthode, un séjour régulier à la tour de contrôle permet d'évaluer le chemin déjà parcouru et de tracer l'itinéraire professionnel à suivre, pour toucher un salaire que l'on estime décent, bien sûr, mais encore et peut-être surtout, pour se fixer à soi-même des défis qui ajoutent plus de satisfaction à notre vie au travail, pour réévaluer au besoin la pertinence de poursuivre dans telle ou telle direction, etc.

37. Grenouilles et têtards

37. Grenouilles et têtards

Reconnaître que la parfaite maturité est souvent impossible à atteindre dans les relations parent-enfant comme dans les relations amoureuses. Savoir s'accorder le temps pour apprivoiser un nouveau travail et y devenir tout à fait à l'aise et compétent.

1. Observation et analyse de l'illustration.

Les têtards sont de petits batraciens qui deviennent des grenouilles; aux premiers stades de leur croissance, ils ne peuvent ni sauter ni encore exercer leurs aptitudes d'amphibie.

2. Interprétations à explorer.

Malgré son âge adulte, le nouveau parent « naît » en même temps que son premier enfant: sur ce plan, il est plutôt « têtard » dans ses comportements, même lorsque l'enfant grandit: chaque étape de l'évolution de l'enfant constitue en effet une nouveauté, et la rapidité de sa croissance, qui produit sans cesse de nouvelles attitudes et de nouveaux besoins, maintient constamment le parent dans l'état instable de l'apprenti. Il est tout à fait normal, dans ces circonstances, de ne pas maîtriser aussi bien l'aisance amphibie du parent expérimenté, qui s'adapte aux besoins et comprend apparemment d'instinct l'un ou l'autre de ses enfants. Cependant, même ce parent amphibie s'estime souvent têtard, tant chaque enfant est différent des autres, au point qu'il faille recommencer auprès de chacun d'eux son apprentissage de père ou de mère. Le stade de grenouille mature constitue donc un idéal dont il est peut-être préférable de faire le deuil pour reconnaître plutôt ponctuellement nos erreurs, recourir au besoin à des sources d'information pour éclairer notre lanterne et nous indiquer un meilleur chemin, et même admettre devant notre enfant que nous sommes également, tout comme lui, en période d'apprentissage. Si, en tant que parent, votre sentiment de culpabilité pointe plus de 5 fois sur 10, songez aux têtards et aux inaccessibles grenouilles ! Le meilleur parent demeure celui qui reste ouvert à d'autres façons de faire et qui cultive les actes d'humilité (s'excuser, reconnaître ses torts et ses faiblesses, etc.).

Dans bien des aspects de la vie à deux, nous demeurons de perpétuels têtards, car on ne peut jamais connaître l'autre complètement, on ne peut ni le prévoir ni le prédire totalement. Toutefois, la maturité du couple demeure possible lorsque les deux amoureux consacrent du temps à se découvrir en développant une connaissance de l'autre qui, au-delà des qualités et des aptitudes, parvient à saisir véritablement son caractère et son tempérament, à comprendre ce qu'il aime ou déteste, ce qu'il accepte ou refuse, et à apprivoiser les souvenirs et le vécu qui le font être ce qu'il est. Par exemple, un troisième de famille qui a toujours été mis à l'écart par le père, parce qu'il s'avérait moins habile et adroit que ses aînés, tolérera plus difficilement les critiques de sa conjointe qu'un homme qui a reçu une saine valorisation paternelle. Quelles sont vos réactions à la colère que vit la personne que vous aimez? Vous y adaptez-vous facilement ou subissez-vous ses explosions comme des attaques personnelles? Y aurait-il une façon, pour vous, de constater simplement les états émotifs de l'autre sans en être affecté? L'évolution au stade « grenouille » du couple s'effectue justement par cette connaissance profonde des modes de réaction de l'autre et, peut-être surtout, par leur acceptation objective et détachée — ce qui permet de ne pas exacerber ni provoquer d'éclats inutilement. En apprenant à connaître l'autre, on apprend à respecter le « patrimoine » de son enfance et à percevoir d'instinct plusieurs de ses besoins.

Dans quels aspects de votre travail vous sentez-vous « têtard » et dans lesquels ressentez-vous l'aisance et les compétences de la grenouille? Comment réagissez-vous devant des domaines que vous n'avez pas encore apprivoisés? Vous jugez-vous sévèrement ou prenez-vous les moyens pour dépasser vos limites personnelles, soit par des cours, des heures supplémentaires ou en demandant conseil à des personnes plus expérimentées? Quelles sont vos stratégies personnelles pour enrayer vos faiblesses sur le plan professionnel? Comment vos aptitudes « grenouille » influencent-elles votre estime de vous-même? votre entourage? votre plan de carrière?

38. Poignée de porte

38. Poignée de porte

Déceler et cultiver des moyens d'accéder à de l'information, sur le plan professionnel ou personnel.

1. Observation et analyse de l'illustration.

Pour entrer quelque part, pour ouvrir une armoire, pour accéder à ce que l'on veut, il faut préalablement actionner la poignée d'une porte.

2. Interprétations à explorer.

La poignée peut représenter, dans le contexte du travail, une personne-ressource, notamment pour ceux qui vivent une période de chômage ou qui réorientent leur carrière. Le réseau de contacts et connaissances constitue par ailleurs une voie d'accès à de l'information, de l'avancement ou certains avantages. Certains considèrent le fait de cultiver son réseau comme une stratégie de manipulation plus ou moins malsaine ; toutefois, dans la mesure où l'information ne circule qu'à travers un réseau constitué (une information, toute seule et en elle-même, n'a aucune valeur si elle ne rejoint personne) et puisque chacun participe à cette forme de vie collective professionnelle, le réseau représente une structure de soutien et d'entraide, disponible lorsque le besoin s'en fait sentir. Par ailleurs, il ne fonctionne que par réciprocité des échanges : recevoir de l'aide implique que l'on puisse soi-même en offrir. Utilisez-vous la poignée qui vous permet d'ouvrir la porte de votre vie professionnelle ou défoncez-vous plutôt cette porte, en refusant de faire appel à ceux que vous connaissez ? Cultivez-vous vos relations pour dépasser le strict cadre de leur utilité immédiate ? Pouvez-vous sincèrement faire comprendre à l'autre que vous êtes intéressé à ce qu'il peut vous offrir, à apprendre de son expérience ?

Certaines personnes de votre entourage peuvent vous apporter beaucoup, sur différents plans (humour, culture, voyages) ; il existe plusieurs façons de les rejoindre et d'avoir accès à la richesse qu'elles peuvent vous offrir. Vous pouvez développer certaines poignées pour entrer en contact avec elles, par exemple en vous intéressant de manière tout à fait honnête à ce qu'elles vivent ou ont vécu, à ce qu'elles font, en apprenant à reconnaître leur valeur personnelle, en vous montrant véritablement à l'écoute. La qualité de votre attention, à condition qu'elle soit sincère, constitue la voie d'accès royale à toute personne que vous croisez dans votre vie. Quelles poignées avez-vous tendance à utiliser lorsque vous entrez en contact avec une nouvelle personne, ou même avec quelqu'un de votre entourage ? Cette façon de les aborder vous permet-elle de créer un climat propice à une relation riche et profonde, ou plutôt superficielle et sporadique ? Avez-vous déjà songé attentivement aux types de poignées qu'il vous serait utile de posséder dans votre inventaire personnel ?

39. Rétroviseur

39. Rétroviseur

Développer le réflexe de jeter un coup d'œil au rétroviseur afin de parer les coups et de ne pas être pris au dépourvu lorsque survient une difficulté, tant sur le plan personnel que sur le plan professionnel.

1. Observation et analyse de l'illustration.

L'utilité d'un rétroviseur est de pouvoir voir et prévenir ce qui se passe derrière nous — et d'ainsi éviter certains dangers qui pourraient survenir.

2. Interprétations à explorer.

Possédez-vous un rétroviseur dans votre vie à deux, qui vous permette de détecter les dangers qui vous guettent ? Qu'y voyez-vous ? Certaines attitudes agissent par ailleurs comme des rétroviseurs, à titre de signes avant-coureurs d'un éloignement ou d'un divorce : si vous manifestez plus d'agressivité l'un envers l'autre, si vous traversez une période où il vous est difficile de vous parler — voire de vous sentir —, que votre activité sexuelle se fait rare et que votre tendresse mutuelle a pratiquement disparu, la séparation vous poursuit peut-être. Le fait de le constater n'en réduit cependant pas le risque : vous devez, après avoir détecté la présence du danger dans votre rétroviseur, agir, si c'est là ce que vous souhaitez, pour consolider ce lien amoureux, en vous accordant des moments de ressourcement ensemble, des temps de discussion, etc. Le danger peut par ailleurs être incarné par une personne qui vous « poursuit », qui vous courtise et risque de dépasser le véhicule de votre union actuelle pour vous emporter ailleurs, si vous y consentez : est-ce bien là ce que vous désirez ? Préférez-vous plutôt augmenter votre vitesse de croisière auprès de votre partenaire, de façon à vous rapprocher et à distancer vos poursuivants pour mieux vous concentrer sur la relation dans laquelle vous avez, l'un et l'autre, déjà beaucoup investi ?

Que l'on soit patron ou travailleur autonome, il nous faut cultiver la faculté de « voir venir » et d'imaginer des stratégies de développement et d'accroissement de compétitivité, longtemps à l'avance. Sur le plan professionnel, êtes-vous toujours surpris — et pris de court — par les événements ? Si oui, vous avez là un indicateur fiable : il est grandement temps de vous asseoir pour dresser un bilan et établir un plan stratégique de votre avenir, de façon que chacun des pas que vous faites soit désormais rentable et que vous puissiez être en bonne posture pour avancer ou obtenir un meilleur crédit, des subventions, etc. En tant que salarié, prévoyez-vous votre avenir financier ? votre retraite ? Devriez-vous trouver des moyens de compenser une baisse potentielle de votre productivité ? Qu'est-ce qu'un coup d'œil dans votre rétroviseur vous indique ? Soyez bien conscient du fait que ce que vous refusez de voir adviendra quand même : mieux vaut vous y préparer et planifier en conséquence.

40. Masques

40. Masques

Évaluer la pertinence de masquer ses propres émotions au cours de périodes plus délicates de la vie de couple. S'interroger sur le réflexe de masquer sa personnalité devant certaines personnes.

1. Observation et analyse de l'illustration.

Nous utilisons parfois des masques qui viennent teinter notre façon d'être; ces apparences que l'on choisit d'adopter varient selon les personnes et les situations rencontrées ou suivant ce que commandent les circonstances.

2. Interprétations à explorer.

Il est inévitable que la vie amoureuse connaisse ses saisons, parfois plus froides et distantes, parfois plus intimes et chaudes: de quelle façon réagissez-vous à cette fluctuation de vos humeurs communes? En étant lucide et en anticipant la baisse d'intensité amoureuse de certaines périodes, il vous est possible (et plus facile) de porter le masque de la souplesse et de la compréhension ou celui de la neutralité, nettement préférable au masque acariâtre et hargneux qui surveille et ne laisse rien passer. Lors de ces phases plus difficiles, quel masque avez-vous tendance à porter spontanément? Êtes-vous satisfait des résultats obtenus? Serait-il possible d'en obtenir de meilleurs en utilisant un autre masque? Certains objecteront que seuls ceux de la transparence et de l'authenticité sont valables: ces dernières ne doivent pas pour autant être «immédiates» et peuvent bien se faire «diplomates» en choisissant le meilleur moment de s'exprimer... Il y a des instants où l'on ne peut ou ne veut partager toutes les émotions de l'autre, au moment même où il les vit. Le masque vient alors momentanément filtrer ce que nos attitudes exaspérées pourraient avoir d'hostile ou de haineux, calmant le jeu plutôt que de l'envenimer, dans l'attente d'un temps plus propice à l'échange. Par contre, si vous devez recourir au masque plus fréquemment que vous n'êtes simplement vous-même, la solution temporaire est peut-être devenue une partie du problème: exprimez-vous et mettez les choses au clair avec votre amoureux avant qu'il soit trop tard. De quels masques devriez-vous vous défaire? Lesquels pourraient utilement s'ajouter à votre collection actuelle?

Peu importe quelles sont les personnes que l'on côtoie, on capte et reproduit parfois les attitudes, les comportements, les réactions des autres. Par exemple, devant une personnalité très «parent» (qui prend tout au sérieux, qui se sent extrêmement responsable, qui ne se permet jamais de rire, qui fait preuve d'une discipline de fer et peut être très austère), notre attitude se fera plus critique et autoritaire qu'elle ne l'est habituellement. Au contraire, avec une personnalité «enfant» (qui s'amuse et prend tout à la légère, qui ne voit pas pourquoi elle différerait la satisfaction d'un désir), nous sommes généralement plus insouciants et irresponsables que d'ordinaire. Avez-vous déjà remarqué cette tendance chez vous? Dans quelles situations exactement? Devant quel type de personnes? Pourquoi décidez-vous d'adopter ainsi la tonalité de l'autre et de porter un masque qui vous rapproche de lui? Pourriez-vous tenter, dans vos prochains échanges interpersonnels, de demeurer plus fidèle à votre propre personnalité, sans céder à l'influence de l'autre?

41. Chevalier

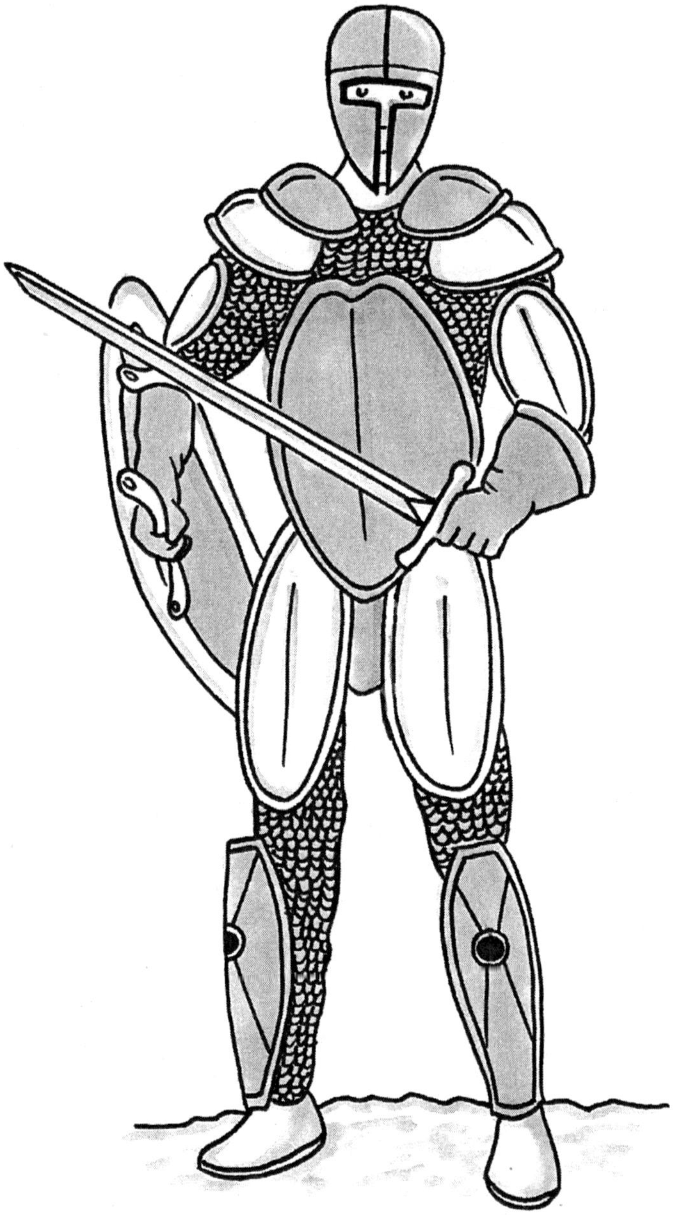

41. Chevalier

Reconnaître la nécessité de développer le courage et les aptitudes au combat de la vie (au travail ou en famille). Déceler les pièces d'armurerie nécessaires à notre propre protection comme à celle des nôtres.

1. Observation et analyse de l'illustration.

Les chevaliers du Moyen-Âge étaient courageux et valeureux, tant leur honneur était intimement lié à leurs exploits guerriers. Dans notre vie de tous les jours, nous devons parfois nous battre nous aussi, ce qui exige du courage, le développement de certaines habiletés ainsi que l'acquisition d'un équipement qui, comme une armure, nous protège et nous défend contre les coups durs.

2. Interprétations à explorer.

La compétition sur le marché du travail se fait de plus en plus intense : il faut se battre pour obtenir sa place et protéger son territoire. Au-delà des savoirs et des habiletés qu'exige votre travail, il faut également avoir cultivé certaines attitudes qui vous permettent de maintenir votre position, comme la persévérance, et vous être muni de pièces d'équipement, comme la capacité à entrer en relation avec les autres, à s'adapter à eux, à partager avec eux l'information qui leur est, tout comme à vous, essentielle à leur « survie » au travail. Dans votre attitude professionnelle, vos forces se situent-elles sur le plan technique ? de la persévérance et de la ténacité ? de la ponctualité et de la promptitude ? Avez-vous développé votre intelligence des relations avec les autres et possédez-vous une bonne capacité d'adaptation à leur personnalité comme à leurs idées ? Avez-vous cultivé la faculté d'entrer en contact et d'avoir des échanges riches avec eux, sur le plan humain comme sur le plan de l'expertise professionnelle ? Peut-être encore avez-vous enrichi les aspects de l'intelligence émotionnelle qui vous permettent de vous adapter avec souplesse aux nouveaux cadres de travail, d'accepter vos erreurs avec humilité et de vous motiver à vous améliorer ?

Les parents sont les chevaliers des temps modernes, qui devraient constamment veiller à protéger leur fils et leur fille des écueils de l'enfance et de l'adolescence, non pas en laissant passer les périodes de crise sans rien faire, mais en guerroyant pied à pied pour maintenir le cap d'une éducation cohérente et constante. En effet, plusieurs parents se découragent et abandonnent la bataille, soit lorsque l'enfant accumule les « gaffes » (indiscipline, vol, vandalisme, mensonge), soit encore lors d'une difficile et tumultueuse crise d'adolescence. Se battre, dans ces circonstances, signifie continuer à transmettre les valeurs auxquelles vous croyez, même si votre enfant vous semble imperméable et buté ; il a en effet besoin de se redéfinir lui-même pour parfaire le processus de son individuation — vous ignorez donc quel est l'impact réel de votre attitude sur ce qu'il pense vraiment et ne pouvez prévoir ce qu'il retiendra et mettra en pratique dans l'avenir. Le Dr Michel Lemay compare justement le processus d'individuation de l'adolescence au jeu de saute-mouton, en ce sens que l'enfant s'appuie sur les valeurs et les idées de ses parents pour avancer et aller plus loin. Si vous ne léguez aucune valeur, aucun principe à vos enfants, sur quoi s'appuieront-ils ? À quoi s'opposeront-ils ? Quelle aura été votre influence ? Évidemment, le parent-chevalier doit faire acte de foi et avoir confiance en ses enfants, en acceptant le fait troublant que l'adolescence en elle-même agit comme un long brouillard : on ne sait trop ce qu'on trouvera lorsqu'il se lèvera, mais il y a tout lieu d'espérer qu'au-delà du tumulte, des expérimentations malheureuses ou que vous estimez inutiles, voire nuisibles, votre adolescent aura forgé ses forces et aguerri à son tour son caractère. Toutefois, vous devez en certaines circonstances protéger activement le jeune contre des influences néfastes, en prononçant des interdits et en fixant des limites que vous respecterez, en apprenant à votre enfant que vous n'avez qu'une parole et que vos gestes entraînent nécessairement leurs conséquences. Le parent-chevalier doit, en fin de compte, user de discernement pour déterminer à quel moment faire preuve de souplesse, en faisant confiance aux ressources de l'enfant, et en quelle occasion devenir plus vigilant et monter la garde, voire une garde rapprochée.

La rivalité entre frère et sœur constitue un autre lieu de la vie familiale où le parent doit se faire chevalier. Lorsque surviennent ces éclats, comment réagissez-vous? Quel type de chevalier êtes-vous: l'équitable qui sépare les deux camps sans rien vouloir entendre? le défenseur systématique du plus jeune? le chevalier au repos qui décide de ne pas s'en mêler? Pour inspirer votre quête de nouvelles pièces d'armurerie, vous pouvez puiser dans les quatorze trucs efficaces que je propose pour résoudre les guerres de tranchée entre frère et sœur dans le cahier *100 trucs pour améliorer vos relations avec les enfants (11 ans et moins)*.

Pensez à une situation que vous jugez difficile (au travail, dans votre vie intérieure, avec votre famille) et observez le chevalier que vous êtes devant cette difficulté: En êtes-vous fier? Trouvez-vous qu'il agit parfois intempestivement et avec trop d'agressivité? Aurait-il au contraire tendance à abandonner la guerre avant même de commencer à se battre? Saviez-vous que le courage est comme un muscle, qu'il peut s'exercer et se développer? Plus vos actions courageuses se font nombreuses, plus vous devenez valeureux et prenez l'habitude d'aller plus loin, de vous battre un peu plus fort, de choisir vos batailles. Comment pourriez-vous tirer le meilleur de votre chevalier intérieur?

!

Votre âge importe peu,

à moins que vous ne soyez un fromage.

Helen Hayes

Circulation dans
les deux sens

42. Circulation dans les deux sens

Analyser les modes de communication privilégiés par le couple ou l'individu.

1. Observation et analyse de l'illustration.

Lorsque nous nous déplaçons sur les voies de circulation, il est important de savoir lire les panneaux de signalisation et de les respecter; dans le cas contraire, l'anarchie régnerait et il serait très périlleux d'emprunter les routes. Dans ce cas-ci, le panneau nous indique que la circulation se fait dans les deux sens; il est donc essentiel de s'assurer de ne pas circuler sur la voie de l'autre et de s'attendre à croiser d'autres automobilistes; dans la vie aussi, il faut savoir respecter cette consigne de la circulation dans les deux sens.

2. Interprétations à explorer.

Écouter l'autre, entendre ce qu'il dit, tenir compte de son point de vue en modifiant son attitude en conséquence sont des comportements qui favorisent une circulation fluide de la communication du couple. Vos échanges et vos dialogues, dans votre vie à deux, circulent-ils dans les deux sens ou à sens unique? L'un d'entre vous s'accapare-t-il toute la voie de la communication, exprimant, verbalisant, adressant à l'autre ses messages, sans lui laisser d'espace pour échanger lui aussi? Depuis les deux dernières semaines, l'un a-t-il pris sans consultation la majorité des décisions qui concernent votre vie commune (épicerie, rénovations, etc.)? Disposez-vous, l'un et l'autre, de suffisamment d'espace et de liberté d'action? Comment définiriez-vous l'attitude de l'autre dans votre relation en comparaison avec la vôtre? Y a-t-il un des deux qui «suit» alors que l'autre montre la voie? Si vous divisez votre vie en départements (enfants, argent, vie domestique, projets, etc.), considérez-vous que chacune de ces routes circule à sens unique ou dans les deux sens? Sur une échelle de 0 à 10, où situeriez-vous votre satisfaction à l'égard de votre façon actuelle de vivre à deux?

Pour différentes raisons, soit à la suite d'une série d'échecs, soit à cause d'un sentiment de honte ou de culpabilité qui persiste depuis des années, soit encore par suspicion ou par crainte, certaines personnes manifestent une réserve et une timidité qui les confinent dans l'isolement: elles n'échangent jamais vraiment avec les autres ou, lorsqu'elles y consentent, ne se confient qu'au compte-gouttes. En conséquence, leur entourage cesse d'insister et de tenter d'entrer en contact avec elles; leur vie manque ainsi cruellement de chaleur humaine, de réconfort et de soutien, mais également de légèreté. La route qui les relie aux autres n'est plus empruntée: il n'y a pas de circulation. Il peut s'agir d'un manque d'habileté à interagir avec les autres («Je n'ai rien à dire»; «De quoi pourrais-je bien parler?»); dans ce cas, il est possible de tenter de s'améliorer[1], en commençant à s'intéresser vraiment à l'autre (en l'interrogeant sur ce qu'il aime, ce qu'il n'aime pas, sur son itinéraire de vie, etc.) plutôt que de se torturer en se demandant qu'est-ce qu'on a, soi-même, d'intéressant à lui présenter. Communiquer, c'est véritablement voyager au pays de l'autre, découvrir une autre culture, d'autres valeurs, d'autres façons de voir la réalité, qui nous restent cachées et inconnues tant que l'on ne fait pas l'effort d'aller vers l'autre. Dans quel état conservez-vous la route d'accès qui vous relie au monde? S'agit-il d'une voie rurale en terre battue, tellement étroite qu'une seule voiture arrive à y passer? Avez-vous placé, sur les abords de votre route, des panneaux de signalisation affichant «sens unique» ou même «accès interdit»? Entretenez-vous une voie accueillante et bien dégagée, où la circulation est fluide? Vos attitudes d'ouverture ou de fermeture sont-elles les mêmes avec tout le monde, ou sont-elles réservées à quelques personnes? Êtes-vous satisfait de la qualité de vos relations avec les autres? Contribuent-elles à votre épanouissement ou, au contraire, ajoutent-elles à votre malaise de vivre? Quels sont les travaux routiers que vous prévoyez effectuer pour faciliter la circulation sur votre propre voie?

---

1 Parmi les lectures sur ce sujet, je recommande toujours le livre de Jean-Marie Boisvert et Madeleine Beaudry, *S'affirmer et communiquer*, Éditions de l'Homme, 1979.

43. Clôtures

43. Clôtures

Protéger son territoire contre les personnes envahissantes et réévaluer la pertinence de certaines limites imposées à soi-même.

1. Observation et analyse de l'illustration.

Les clôtures imposent des barrières physiques délimitant les terres et les terrains : des frontières psychologiques peuvent, de la même manière, baliser votre territoire personnel et commander le respect.

2. Interprétations à explorer.

Certaines personnes qui exigent beaucoup d'énergie et d'attention empiètent sur le territoire d'autrui tant et aussi longtemps qu'on ne leur fixe pas de limites ; même en présence de clôtures, elles peuvent parvenir à s'immiscer toujours plus avant. Il vous faut donc manifester très explicitement les frontières que vous voulez voir respectées, d'un ton ferme et sans équivoque ; dans certaines circonstances, il pourra même s'avérer nécessaire d'éviter tout contact avec l'« envahisseur ». Réfléchissez aux messages-frontières que vous adressez aux personnes de ce genre et demandez-vous s'ils ferment clairement l'accès de votre territoire : un « Je n'ai pas vraiment le temps de te recevoir maintenant » ne suffit pas ; l'autre s'impose malgré ce refus trop léger pour quelqu'un qui ne sait pas décoder la subtilité de vos messages. Il ne sert à rien de déménager si quelqu'un de votre entourage vous importune, car la nature humaine est telle que vous rencontrerez sans cesse, quel que soit votre milieu, des personnes accaparantes qui tenteront de s'installer à demeure. Quelle est la dernière fois où vous avez vécu un envahissement de votre territoire ? Auriez-vous besoin d'apprendre à poser des clôtures sur votre terrain ? De renforcer leur caractère dissuasif ? Afin de vous aider à vous préserver, visualisez maintenant votre prochaine rencontre avec une personne de ce genre, en vous voyant poser des limites très claires et dont la fermeté est proportionnelle à la volonté d'envahissement de l'autre.

Nous clôturons nous-mêmes notre propre champ d'action et d'intervention dans notre vie, nous limitant plus ou moins inconsciemment à un certain territoire en nous fixant des interdits : « Je ne peux pas aller là » ; « Non, je ne peux pas faire ça » ; « Je n'ai jamais fait ça, donc, j'en suis incapable », etc. Quelles sont les barrières que vous avez dressées et qui contraignent votre épanouissement personnel ? Quelles expériences refusez-vous de faire, qui contribueraient pourtant à augmenter votre estime et votre confiance en vous ou à enrichir vos connaissances ? Quels sont les territoires inexplorés de vous-même que vous laissez en friche, derrière une palissade que vous n'osez franchir ? Votre dernier rêve, vos dernières envies ont-ils suscité des actions concrètes ou vous êtes-vous cantonné derrière votre clôture en vous y refusant l'accès ? Lorsque vous enviez une personne de votre entourage pour l'un de ses projets, estimant qu'elle a bien de la chance, vous devriez y lire une indication de clôture : vous freinez fort probablement en vous ce que vous trouvez si admirable chez l'autre. Faites l'exercice de rêver à tous ces plans et projets que vous vous interdisez habituellement de concevoir : Quels sont-ils ? Quels seraient les itinéraires qui mèneraient à leur réalisation ? Où ressentez-vous un « blocage » ? D'où vous vient ce dernier ? Qui vous empêche d'obtenir ce que vous souhaitez dans votre vie ? Au-delà de vos forces et de vos faiblesses, qui peuvent constituer des limites incontournables à la concrétisation de certains désirs, quels sont les idéaux que vous poursuivez ? Selon Daniel Goleman[1], nos réalisations sont proportionnelles à la grandeur de nos rêves et de nos projets : en visant un objectif facile à atteindre, on ne le dépasse généralement pas de beaucoup ; en rêvant à de grandes choses, on ne peut faire autrement que d'accomplir de grandes choses — même si elles ne correspondent pas tout à fait à notre idéal.

1. 1999, p. 142.

44. Pommier

HIVER PRINTEMPS AUTOMNE

44. Pommier

Considérer les différentes phases de la vie comme un processus d'évolution à long terme. Apprendre à partager le fruit de son expérience avec les autres.

1. Observation et analyse de l'illustration.

Pendant l'hiver, le pommier traverse une période d'hibernation durant laquelle il prépare ses forces pour sa floraison et sa production de fruits ; au printemps, la magnificence du pommier en fleurs embaume le verger de son parfum ; mais c'est à l'automne, à la période des récoltes, que l'arbre donne sa pleine mesure. Ainsi, pour tous les êtres vivants, chaque chose vient en son temps et il y a un temps pour chaque chose.

2. Interprétations à explorer.

travail

La majorité des gens déploient beaucoup d'efforts pour décrocher un bon emploi, répondre adéquatement aux attentes de leurs employeurs, se perfectionner dans le but d'améliorer leur performance et obtenir une promotion ou une augmentation de salaire, etc. Toutefois, certains d'entre eux n'obtiennent pas, malgré cet investissement et toute la disponibilité dont ils font preuve, les résultats visés au moment où ils le souhaiteraient. Il faut se rappeler alors que chaque chose vient en son temps et que la patience est une des plus précieuses vertus. Poursuivre des études parallèlement au travail ou réorienter sa carrière constituent des stratégies à long terme qui ne donnent pas nécessairement de rendement immédiat, mais se comparent par exemple à la taille du pommier ou aux soins que le pomiculteur lui prodigue à l'automne. Au travail, estimez-vous que vous connaissez actuellement une période de floraison ou récoltez-vous vos fruits, comme une relative stabilité d'emploi, un salaire satisfaisant, le respect de vos collègues et de vos employeurs ou employés ? Connaissez-vous plutôt une phase printanière, période idéale pour vous réorienter ou créer de nouveaux contacts qui seront susceptibles de vous rapprocher du but que vous visez ? Ou encore une période hivernale, alors que vous êtes en démarche d'emploi, à constituer votre *curriculum vitæ,* à raffiner vos techniques d'entrevues, à rechercher les postes offerts, à provoquer des rencontres avec des employeurs potentiels ? Comment vous voyez-vous : en fleurs, en fruits, en hibernation ? Appréciez-vous pleinement, si c'est le cas, les fruits que vous produisez ? Dans le cas contraire, faites-vous tout ce qu'il faut pour améliorer votre récolte ?

maîtrise de soi

Plusieurs considèrent que la trentaine est une période encore pleine de vitalité et d'audace, que la quarantaine amène la stabilité et une certaine confiance en soi, qu'avec la cinquantaine les individus atteignent leur maturité, sans plus avoir besoin de faire leurs preuves et en savourant tout ce qu'ils ont construit. Les jeunes de la vingtaine ou de la trentaine peuvent ressentir une certaine frustration à ne pas pouvoir récolter maintenant les fruits de la maturité, non seulement sur le plan financier ou de la sécurité d'emploi, mais également sur les plans de la confiance en eux-mêmes et de la stabilité des repères de leur vie. Toutefois, seuls le temps et l'expérience permettent de conquérir cette assurance et cette confiance dégagées des appréhensions et des tourments d'une vie qui se construit : l'expérience est la pire des écoles, car elle impose ses épreuves et ses tests sans avoir enseigné au préalable la matière à examen… Pour donner pleinement ses fruits, il faut avoir tiré des leçons de ses expériences, avoir appris à canaliser ses énergies pour être productif d'une façon efficace, harmonieuse, et connaître l'équilibre dans tous les aspects de sa vie en étant en paix avec soi-même comme avec ce que l'on a reçu en héritage. Avez-vous atteint, dans votre vie, ce calme et ce bien-être qui caractérisent celui qui sait qui il est ? Êtes-vous plutôt en fleurs, dans une phase où vous créez vos expériences et jetez les bases d'une vie enrichissante, alors que la stabilité que vous construisez n'amoindrit pas votre sensibilité, votre vulnérabilité, votre capacité à entrer en relation avec les autres et à offrir le meilleur de vous-même à ceux que vous aimez ? Traversez-vous plutôt une phase d'hibernation, où vous refusez complètement ce que vous êtes ? Cette souffrance et ce mal-être proviennent sans doute du fait que vous avez croisé des gens qui vous ont blessé, qui n'ont pas su vous encourager et vous soutenir adéquatement, qui n'ont pas cru en vous : ces influences néfastes vous accompagnent et vous minent ; vous devez éradiquer leur emprise sur vous en allant chercher de l'aide auprès de services professionnels, comme lorsque l'on donne un traitement choc à un arbre fruitier afin de lui permettre de se débarrasser de ses parasites et de donner ses meilleurs fruits.

habiletés sociales

Les personnes qui atteignent leur période de production de fleurs ou de fruits connaissent le bonheur d'avoir une influence sur ceux qui les entourent, notamment auprès de ceux qui ont besoin de croire qu'il est possible d'être heureux en étant soi-même, avec lesquels ils peuvent partager la récolte de leur épanouissement. Ce partage ne se traduit pas nécessairement en don d'argent ou d'objets, mais par des sourires sincères, des services rendus avec plaisir, des gestes attentifs qui valorisent l'autre, etc. S'il est facile d'aimer ceux qui sont aimables, ce ne sont pas eux qui en éprouvent le plus la nécessité : les gens qui ne sont pas bien avec eux-mêmes sont plus durs envers les autres, plus renfermés, plus froids, plus agressifs — et parfois plus méchants ; ceux qui ont le plus besoin d'affection sont généralement ceux qui en méritent le moins…

Prendre un verre de bière, mon minou...

Nous savons que, dans certaines circonstances, une consommation modérée d'alcool accroît les comportements agressifs chez les hommes, mais nous ignorons généralement que cet effet se révèle plus prononcé lorsque l'alcool est consommé sous forme de spiritueux que sous forme de bière ou de vin. En effet, à taux d'alcool équivalents dans le sang, les hommes sont plus agressifs lorsqu'ils ont bu des spiritueux que lorsqu'ils ont bu du vin ou de la bière. Cet effet est d'ailleurs exacerbé lorsque ces derniers subissent une forte provocation. Comment expliquer de telles constatations? Trois explications peuvent être proposées. D'abord, il est possible que les gens aient eux-mêmes des attentes différentes quant aux types de consommations prises. Par exemple, le vin et la bière sont généralement considérés comme des consommations plus « nobles » que les spiritueux; cette seule croyance peut inciter les consommateurs à se sentir plus calmes lorsqu'ils boivent de la bière ou du vin plutôt que des spiritueux. Ensuite, il faut noter qu'il y a des différences pharmacologiques entre les agents actifs de ces types d'alcool: on sait ainsi qu'une substance contenue dans la bière et non dans les spiritueux a un effet sédatif, ce qui pourrait inhiber l'expression d'agressivité associée à cette forme de consommation. Il est probable que des différences du même ordre existent également entre le vin et les spiritueux. Finalement, les consommateurs de spiritueux se considèrent eux-mêmes plus irritables que les consommateurs de bière ou de vin et il est par conséquent possible qu'ils perçoivent les provocations dont ils sont victimes différemment des buveurs de bière ou de vin.

Tiré d'un texte de Sophie Desjardins, dans *Psychologie Québec,* selon un article de Gustafson, R., 1999, « Male Alcohol-Related Aggression as a Function of Type of Drink », dans *Aggressive Behavior,* 25, p. 401-408.

45. Boutique de cadeaux

45. Boutique de cadeaux

Modérer ses désirs et exercer sa faculté de choisir en toute objectivité, sans céder aux premières impulsions.

1. Observation et analyse de l'illustration.

Il est parfois difficile de faire un choix entre tant de beaux objets : certaines boutiques recèlent tant de trésors que tout nous fait envie. Si l'on ne sait pas résister à la tentation ni exercer un certain contrôle sur soi-même, on dépense beaucoup plus d'argent que prévu et il arrive même que l'on s'encombre d'objets qui nous sont parfaitement inutiles. En toute chose comme dans ce genre de boutique, il faut savoir choisir et prendre une direction plutôt qu'une autre ; dans le cas contraire, à vouloir suivre toutes les possibilités qui nous sont offertes, nous n'arrivons nulle part ou nous risquons de nous égarer.

2. Interprétations à explorer.

couple

La « compétition » est forte dans les relations amoureuses ; les lois de l'offre et de la demande y jouent tout autant que sur le marché des affaires ou dans le monde professionnel. Le pourcentage de divorces augmente ainsi le taux de « disponibilité » des partenaires potentiels, moins monogames qu'auparavant. Lors des périodes de vulnérabilité du couple, les tentations se font plus nombreuses et plus irrésistibles encore. Parmi ces périodes, l'arrivée d'un nouvel enfant, notamment, vient déstabiliser la dynamique confortable du couple : les cycles de sommeil se font plus courts et sont déphasés ; l'attention extrême que l'on porte à l'enfant occupe une grande partie de l'espace affectif autrefois occupé seulement par le couple. La vie à deux devient également plus fragile lorsque des problèmes financiers surviennent, lorsque l'un des partenaires réussit moins bien ou perd son emploi, etc. Dans ces moments difficiles, plutôt que de chercher à consolider la relation, plusieurs succombent au désir de « regarder ailleurs » : ils commencent alors à percevoir tout à coup de subtiles invitations dans le sourire d'une relation de travail et recherchent plus ou moins activement les occasions de connaître des satisfactions érotiques ou sentimentales. Comme dans une boutique offrant tant d'objets désirables, plusieurs personnes peuvent nous intéresser simultanément. Toutefois, et peut-être plus encore que lors d'une séance d'achats compulsifs, les coûts à payer peuvent s'avérer très élevés : sans compter les conséquences financières immédiates, l'équilibre de la famille est généralement sacrifié, alors que la rupture peut parfois être déchirante au point de laisser les deux partenaires ainsi que les enfants profondément blessés, de faire éclater le réseau familial et social, de provoquer également une hypersensibilité émotive chez l'un et l'autre, affectant leurs performances au travail, etc. Si vous traversez actuellement ce type d'épreuve, dites-vous bien que tout ce qui semble attirant et enviable en ce moment pourra vous paraître bientôt insipide et sans intérêt, lorsque vous aurez compris la valeur de ce que vous aurez délaissé, tandis qu'un objet précieusement entretenu et chéri pourrait acquérir beaucoup plus d'importance et de prix.

maîtrise de soi

Comme dans les boutiques, il semble y avoir deux attitudes extrêmes dans la vie : des gens s'intéressent à tout ce qui s'offre à eux, désirent tout acheter, tout essayer, et manquent de temps pour assouvir ce besoin de nouvelles expériences ; d'autres ne trouvent au contraire rien qui suscite le moindre intérêt, malgré la diversité qui leur est présentée. Ces derniers devraient peut-être visiter d'autres boutiques et se faire violence pour explorer des territoires inconnus : l'épanouissement d'une personne est en effet le plus souvent proportionnel à la découverte et à l'acquisition de nouvelles connaissances ou habiletés. L'estime de soi résulte de l'action, de ce que l'on fait, de la façon dont on utilise ses talents et potentiels. Quant à la première catégorie de gens, que l'appétit d'action rend malheureux puisqu'ils ne peuvent tout faire, il leur sera plus profitable d'exercer leur faculté de choisir — et de bien choisir, selon leurs moyens et besoins : on ne peut accomplir plus de choses que ce que notre énergie et nos capacités physiques et intellectuelles nous permettent de faire. Dans le cas contraire, l'individu tombe rapidement en déficit (comme celui qui dépense trop d'argent en achetant tout ce qui lui tombe sous la main) et son enthousiasme pour tant de beaux projets perd toute crédibilité aux yeux des autres. À quelle attitude s'assimile votre façon de penser ? Avez-vous l'impression de trop dépenser ? Croyez-vous avoir de la difficulté à faire des choix ? Connaissez-vous plutôt l'équilibre dans ce domaine ? Vous pouvez mettre sur papier, en chiffrant le pourcentage qu'elles représentent, toutes les sphères de votre vie qui requièrent votre énergie, vos pensées, votre temps : les enfants, la vie de couple, le travail, le quotidien, le bénévolat, les cours de perfectionnement, etc. Est-il possible que les domaines où vous investissez le moins soient ceux qui vous causent le plus de problèmes ? Quels sont les aspects de votre vie qui sont actuellement en souffrance ? Devriez-vous rectifier l'ordre de vos priorités ou modifier la portion de temps que vous leur accordez ?

!

Les sourires sont à l'humanité

ce que le soleil est aux fleurs.

Joseph Addison

Risque de chute
de pierres

46. Risque de chute de pierres

Localiser les zones d'éboulements potentiels dans notre vie et adopter des attitudes de prudence et de vigilance afin d'éviter les dommages (pour soi comme pour les autres).

1. Observation et analyse de l'illustration.

Ce pictogramme se rencontre souvent aux abords des routes de montagne ou à proximité de travaux de dynamitage. Comme on ignore généralement le moment exact où se produira une chute de pierres, il faut évidemment être vigilant dans ces secteurs, afin d'éviter des dommages à la voiture ou des accidents.

2. Interprétations à explorer.

maîtrise de soi

Lorsque l'intensité de notre colère atteint le niveau 7 sur une échelle de 0 à 10, il y a toujours un risque de chute de pierres, qui peuvent causer des dommages physiques, psychologiques et relationnels. À l'image de ces filets géants qui retiennent les parois trop friables des flancs escarpés des montagnes, nous pouvons juguler les paroles malheureuses, voire les injures, en nous fixant volontairement des barrières ou en nous installant des muselières pour éviter que nos pierres n'atteignent les personnes que nous aimons. Et de la même manière encore que les compagnies d'assurance indemnisent ceux qui ont été victimes d'une chute de pierres, il nous revient de réparer les pertes ou dommages que nos pierres ont entraînés. Causez-vous fréquemment des chutes de pierres? Quels sont les mots que vous laissez échapper et de quelle taille sont-ils? Quels ont été les préjudices qu'ils ont causés autour de vous? Quels ont été les résultats sur vous-même? sur votre vie personnelle et professionnelle? Considérez que les pierres qui tombent sont soustraites de la masse rocheuse à laquelle elles appartiennent: de façon similaire, ce que vous laissez échapper réduit proportionnellement votre estime et votre confiance en vous.

habiletés sociales

Dans nos relations avec les gens que l'on côtoie, volontairement (partenaire en amour, amis) ou non (collègues de travail, beaux-parents, voisins), nous connaissons tous des périodes ou traversons des zones où risquent de se produire quelques chutes de pierres. La majorité des gens ne peuvent empêcher que ne se produise, de temps à autre, un éboulement rocheux plus ou moins important. Savez-vous détecter la présence des panneaux indicateurs qui vous avertissent d'être plus vigilant? Une personne très impulsive et immature, qu'il s'agisse d'un enfant, d'un adolescent ou d'un adulte stressé, nerveux ou incapable de négocier avec les différences d'opinion, présente un risque élevé d'écroulement: le sachant, il vous est alors possible de garder vos distances au moment le plus critique afin de ne pas envenimer la situation ni amplifier la crise. Vous est-il arrivé d'être atteint par un éboulement? Quels ont été les dommages qui en ont résulté? Auriez-vous pu prévoir et éviter les conséquences de cette chute? En réfléchissant aux personnes qui vous entourent et aux situations qu'elles vivent, pouvez-vous localiser des zones à risque où il vous faut redoubler de prudence? Pouvez-vous déceler certaines des attitudes susceptibles de neutraliser le risque de chute de pierres (prendre vos distances, éviter de provoquer, expliquer votre point de vue plus clairement, développer de meilleures stratégies de négociation)?

47. Maisons

47. Maisons

Reconnaître les signes extérieurs qui brouillent les relations interpersonnelles. Affiner sa connaissance de soi par les perceptions des autres. Prendre conscience des effets perturbateurs ou stimulants de l'apparence extérieure sur le désir sexuel.

1. Observation et analyse de l'illustration.

À partir d'un simple regard sur l'extérieur d'une maison, nous pouvons nous faire une idée de son intérieur. Comment imaginer en effet que la demeure soignée, fleurie et bien entretenue ne soit pas également chaleureuse et accueillante à l'intérieur? Et qui croira que les pièces de la maison délaissée ne s'avèrent pas aussi négligées et inconfortables, peut-être même froides et nues?

2. Interprétations à explorer.

maîtrise de soi

Qu'est-ce que votre apparence extérieure, votre façon de vous vêtir et votre attitude en général indiquent de votre personnalité aux autres? Lorsque vous croisez quelqu'un qui vous est inconnu, votre jugement ne s'exerce-t-il pas de façon quasi instantanée à partir de ces premiers indices? Songez par exemple à une personne souriante, ouverte et accueillante: comment détectez-vous cette ouverture au premier coup d'œil? Que disent les autres sur vous-même? Avez-vous envie de faire enquête sur ce sujet: un pur inconnu que vous ne reverrez sans doute jamais pourrait peut-être accepter de vous donner son premier avis sur votre personne; des gens honnêtes de votre entourage sauraient vous répondre franchement, vous dire ce qu'ils ont perçu de vous lors des premières rencontres et le comparer à ce qu'ils perçoivent maintenant. Selon la fenêtre de Johari, quatre visions d'une personne peuvent coexister: une première fenêtre est celle que seul «je» peux voir, une seconde n'est visible que par les autres, une troisième représente la connaissance de soi-même commune à «je» et aux autres tandis que la quatrième est inconnue de tous. Pour approfondir notre connaissance de nous-mêmes, découvrir nos véritables aspirations, nos forces, nos limites et, ainsi, vivre plus heureux, nous avons tout intérêt à compléter ce que nous savons déjà avec ce que perçoivent les autres de notre personnalité et, de cette façon, acquérir des informations qui nous permettront de nous améliorer.

travail

Bien des gens dotés d'un fort potentiel et de solides compétences n'arrivent pourtant pas à décrocher un emploi: leur attitude extérieure peut en être responsable. Devant un employeur éventuel, portez-vous attention à votre coiffure, à votre tenue vestimentaire, à votre façon de vous tenir, de vous asseoir, de parler de vous-même et d'entrer en relation avec votre interlocuteur, en utilisant un ton de voix assuré et confiant? Il s'agit là des premiers éléments à partir desquels votre employeur vous juge: si, dès le départ, vous échouez ce premier passage, il est fort probable qu'il ne pousse pas plus loin son enquête et qu'il ne prenne jamais conscience des qualités intérieures que vous auriez pu mettre à sa disposition.

couple

Nulle part ailleurs, sans doute, la propreté ne s'avère plus importante que dans l'intimité amoureuse. Spontanément, nous éprouvons de l'attirance ou du dégoût, sans même qu'intervienne notre jugement; auprès d'un partenaire dont la tenue laisse à désirer, il ne faut donc pas s'étonner que le désir ne puisse persister. Cet aspect constitue non seulement un frein au désir, à l'exploration et au plaisir réciproque lors des relations sexuelles, mais vient encore faire pencher la balance de la vie à deux du côté négatif. Croyez-vous que vous auriez besoin d'améliorer votre apparence extérieure pour stimuler l'intérêt et le désir de l'autre? Vous remarquerez peut-être qu'en soignant votre corps, votre propre désir est par ailleurs plus prompt à s'éveiller: la stimulation visuelle du désir agit ainsi tant sur la personne qui regarde que sur celle qui est regardée; se sentir bien et désirable constitue à cet égard l'un des plus puissants déclencheurs de son propre désir et du désir de l'autre.

48. Types de sols

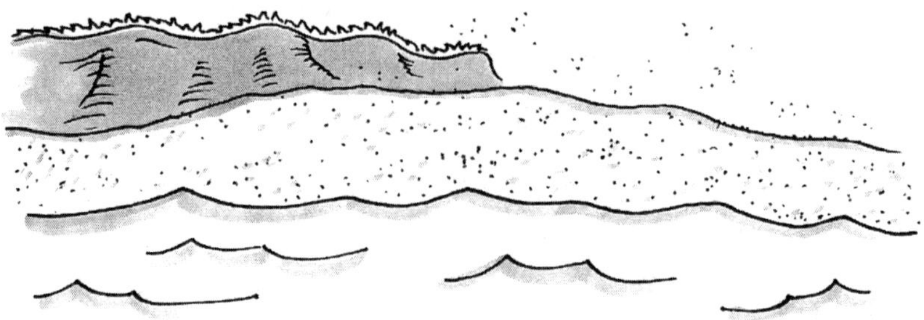

48. Types de sols

Évaluer le type de personnes que l'on fréquente pour mieux adapter son attitude à leur égard. Déterminer sa propre nature et en considérer les conséquences à moyen et à long termes.

1. Observation et analyse de l'illustration.

Certains sols fertiles sont propices à la culture, d'autres, plus marécageux, sont des milieux humides favorables à certains végétaux mais également à la présence de vermines diverses, et d'autres encore, que l'on recouvre de détritus depuis des années, deviennent complètement stériles et constituent un milieu idéal pour les rongeurs. Dans la vie également, il y a des zones à éviter pour leur insalubrité, des terres à cultiver avec profit et des zones, comme les plages du bord de mer, qui ne produisent rien et sont exclusivement réservées à l'oisiveté.

2. Interprétations à explorer.

Il y a des personnes avec lesquelles il est possible de développer des relations riches, saines, nourrissantes et mutuellement réconfortantes. Un service se compare alors à une petite semence qui pousse dans la terre noire sous forme de reconnaissance, d'affection, de réciprocité. Auprès de certaines autres personnes, le même service tombera en terrain marécageux : il tentera bien de pousser mais sera très tôt détruit par l'humidité et les moisissures et n'impliquera donc aucune marque d'appréciation. D'autres encore agiront comme une zone de dépotoir, en contaminant et en détruisant un geste qui était à l'origine désintéressé et de bonne foi : au travail par exemple, un collègue peut s'emparer de notre idée pour en prendre le crédit et se faire valoir à nos dépens ; en société, il s'agit souvent d'une personne qui médit sans cesse de tous, qui se plaît à rapporter des rumeurs et à les amplifier, le plus souvent sans aucune preuve et par pure malice. Il faut donc se méfier de ces terrains corrompus qui modifient nos paroles comme nos pensées, en limitant peut-être les échanges avec ce type de personnes ou en gérant étroitement la quantité et la qualité d'informations qui leur sont transmises, en évitant surtout de leur confier quoi que ce soit de personnel et d'important. Quelle espèce de sols fréquentez-vous le plus souvent ? Des plages sablonneuses et improductives, où l'on ne fait que s'étendre et laisser passer le temps ? Des zones marécageuses qui absorbent toute votre joie de vivre et votre bonne humeur et dont l'humidité attaque et ronge la moindre parcelle de pensée positive ? Des dépotoirs qui n'ont que des jugements destructeurs et des plaintes à formuler contre les gouvernements, le système, leur employeur, leur conjoint, leur(s) enfant(s) ? De la bonne terre qui permet généralement de récolter ce que vous y semez, qui aime produire et agir ? Lequel de ces terrains vous attire le plus ? Qu'est-ce que cela indique sur votre propre personne ? Ce n'est pas toujours le cas et cette règle n'est pas infaillible, mais, en général, nous nous rapprochons des gens qui nous ressemblent...

À quel type de sols ressemblez-vous ? Vous sentez-vous perpétuellement du type plage, qui n'aime pas travailler ni planifier ni accomplir le moindre projet, qui préfère ne rien gérer en laissant à d'autres la responsabilité d'agir ? Jusqu'à quel point êtes-vous oisif et « sablonneux » ? À moyen terme, vous vous dirigez vers la dépression, car une vie sans réalisation entraîne rapidement un sentiment profond d'inutilité et de vacuité. Appartenez-vous plutôt à la terre marécageuse et repoussez-vous la moindre suggestion de projet en vous dévalorisant, en vous disant que vous n'avez pas les habiletés pour le mener à terme, ni les compétences, ni la force ou le courage, ni la santé, ni la possibilité, ou en entretenant un défaitisme radical qui vous empêche d'envisager favorablement quelque ouverture que ce soit ? Ressemblez-vous au dépotoir où sont amoncelés toutes les actions et tous les gestes blessants que vous avez subis, les échecs, les deuils, les ratages et les errements, tout ce bagage négatif et destructeur que vous contemplez et continuez à nourrir ? Il est évident que les déchets entassés à l'air libre dégagent une puanteur fétide et attirent les rongeurs, les personnes malsaines : si vous ne les enfouissez ou ne les incinérez pas, les détritus de votre vie contaminent tout le territoire. Ou êtes-vous plutôt du type terre noire, qui profite de sa propre fécondité en semant et en entretenant ses fruits ?

Si l'on demandait aux gens qui vous connaissent de vous comparer à l'une ou l'autre de ces espèces de terrains, quelle serait leur réponse? Généralement, nous avons tous tendance à nous surévaluer et le point de vue des autres permet souvent de mesurer avec plus de justesse notre valeur personnelle, en contrebalançant par leur avis le surcroît d'estime que l'on s'accorde à soi-même. Toutefois, ce peut être tout à fait l'inverse, chez des personnes qui se mésestiment profondément mais que les autres admirent: là encore, l'évaluation la plus juste se situe fort probablement quelque part entre deux opinions.

!

Plusieurs personnes vont entrer et sortir de votre vie,

mais seulement les vrais amis vont laisser des marques dans votre cœur.

Pour gérer vos humeurs, utilisez votre tête;

pour gérer l'humeur des autres, utilisez votre cœur.

S'il arrive une fois que quelqu'un ne vous respecte pas, c'est sa faute;

s'il arrive deux fois que quelqu'un ne vous respecte pas, c'est votre faute.

Les grands esprits parlent d'idées,

les esprits moyens parlent d'événements,

les petits esprits parlent des gens.

Quelqu'un qui perd de l'argent perd beaucoup,

quelqu'un qui perd un ami perd beaucoup plus,

quelqu'un qui perd l'espoir perd tout.

Sachez apprendre des erreurs des autres,

car la vie est trop courte pour les faire toutes vous-même.

Eleanor Roosevelt

49. Kiosque d'information

49. Kiosque d'information

Prendre conscience des avantages d'aller rapidement chercher l'information à la source, sans perdre de temps ni d'énergie.

1. Observation et analyse de l'illustration.

Les kiosques d'information touristique s'avèrent très utiles lorsqu'on arrive dans une région qui nous est encore inconnue : ils nous permettent de repérer rapidement les endroits intéressants en nous prodiguant les informations pertinentes à leur sujet (horaires, tarifs, etc.) et en nous indiquant la route à suivre pour s'y rendre. De la même manière, notre vie de tous les jours contient une bonne part d'inconnu et de nouveauté : pour épargner temps et énergie, il nous faut aller chercher l'information dont on a besoin là où elle est disponible.

2. Interprétations à explorer.

divers

Lors d'un déménagement, il est impératif d'obtenir rapidement de l'information sur la disponibilité et la localisation des services essentiels (soins de santé, épicerie, bureau de poste, etc.) : le kiosque d'information touristique, l'hôtel de ville ou des gens de votre voisinage peuvent vous mettre sur la piste et vous faire gagner du temps ; ils peuvent encore vous informer sur les particularités et habitudes de cette ville ou de ce quartier où vous arrivez. Idéalement, vous pourriez prendre vos premiers repères, avant même d'y emménager ou encore chercher à rencontrer vos nouveaux voisins afin de vous familiariser avec votre entourage. Certaines démarches doivent par ailleurs être effectuées longtemps à l'avance, auprès des services de garde et des écoles que fréquenteront vos enfants, par exemple, afin d'éviter les stress inutiles. Auprès des gens qui arrivent dans le quartier ou le village où vous demeurez, vous pouvez par ailleurs agir comme agent d'information avant même qu'ils fassent la démarche de venir vous rencontrer : les saluer, leur souhaiter la bienvenue, les accueillir ; ces gestes font une véritable différence chez les nouveaux arrivants et peuvent donner lieu à des relations de bon voisinage dans lesquelles chacun rend service à l'autre en toute confiance (comme relever le courrier et surveiller la maison pendant les absences), des relations qui peuvent même évoluer vers une belle amitié.

habiletés sociales

Dans certaines circonstances ambiguës où vous devez intervenir auprès de l'un de vos enfants, de votre employeur ou de votre partenaire en amour sans trop savoir comment vous y prendre, deux solutions s'offrent à vous. Vous pouvez tout d'abord vous adresser directement à la personne concernée, en lui expliquant que vous êtes perdu, que vous avez besoin d'indication pour arriver à la rejoindre, pour comprendre les raisons de sa vexation ou de sa soudaine froideur, pour connaître les gestes qui sauraient réparer votre erreur et rétablir le contact entre vous. La seconde solution, lorsque plusieurs de vos relations sont houleuses, est d'aller consulter un professionnel, qui pourra vous suggérer des itinéraires à suivre pour atteindre vos objectifs et vivre des rapports plus harmonieux avec les autres. Personne n'éprouve de honte à consulter un agent d'information touristique, surtout en abordant une région tout à fait étrangère ; c'est au contraire faire preuve d'intelligence que de s'adresser directement là où les réponses sont disponibles, en évitant de perdre son temps à chercher sa route, en utilisant plus efficacement son énergie pour explorer la région que l'on veut découvrir, comprendre la personne que l'on aime et avec laquelle on désire établir une liaison saine. Hésitez-vous à consulter un psychologue, un intervenant ou une personne-ressource ? Ne croyez-vous pas que l'aide d'un professionnel pourrait vraisemblablement vous éviter de perdre beaucoup de votre temps et réduire votre inconfort ?

Chaussée cahoteuse

50. Chaussée cahoteuse

Pour apprendre à ralentir dans les périodes difficiles ou dans des situations délicates et pour développer des stratégies de réaction efficaces dans les relations houleuses.

1. Observation et analyse de l'illustration.

Ce panneau de signalisation indique que la chaussée deviendra très prochainement cahoteuse, en raison du dégel printanier ou de l'usure du revêtement: en le voyant, vous savez qu'il vous faut ralentir afin d'éviter d'endommager votre véhicule ou d'avoir un accident.

2. Interprétations à explorer.

habiletés sociales

Il nous arrive parfois de ne réagir qu'après coup à un commentaire désagréable, à une attitude de fermeture ou à un comportement inhabituel: sur le moment, pour toutes sortes de raisons, nous n'y avons pas porté attention mais, bientôt, la situation revient nous hanter et notre esprit cherche à en résoudre l'ambiguïté. Il est important de ralentir lorsqu'on se rend compte que l'on commence à se forger des réponses à des questions du genre: «Pourquoi m'a-t-il dit ça? Pourquoi m'a-t-il fait ça? Pourquoi m'a-t-il regardé comme ça?» Ces interrogations qui vous tarabustent devraient agir sur votre attention comme un panneau signalant l'approche des cahots: ralentissez, ne formulez pas de conclusion trop hâtive parce que vous pourriez non seulement vous faire mal, mais également nuire à la relation. Tout le monde a déjà vécu ce genre de situation, car certains contextes ont pour effet d'installer des situations ambiguës: la fatigue, le manque de temps, un défaut d'attention parce qu'on est préoccupé ou parce qu'il y a trop de monde, ou encore le fait de traverser une période de vulnérabilité. Dans ces conditions, le message de l'autre (qui peut également ne pas avoir été tout à fait clair) n'est pas bien compris et il nous manque trop d'éléments pour déterminer la cause de son comportement. Pensez aux dernières fois où cela vous est arrivé. Essayez de trouver au moins deux situations de ce genre et examinez votre façon d'y réagir. Y aurait-il eu de meilleurs moyens de suivre le panneau «Chaussée cahoteuse», de ralentir le cours de vos pensées et d'éviter d'imaginer les réponses de l'autre aux questions que vous ne lui avez pas posées — sinon de façon imaginaire?

Si vous côtoyez régulièrement des personnes impulsives, colériques, manipulatrices et dotées d'un fort (et envahissant) ego, ayez en tête le panneau «Chaussée cahoteuse». Il arrive fréquemment qu'avec ce type de personne les rapports se situent plus ou moins explicitement au niveau du «match»: partez du principe que vous ne pourrez pas gagner avec un tel adversaire et que, de toute manière, il ne sert à rien d'engager la lutte. Vous avez tout à perdre et ce que l'autre peut y gagner est bien éphémère. C'est à vous qu'il revient de faire un effort conscient pour modérer l'agressivité des échanges. En gardant à l'esprit le panneau «Chaussée cahoteuse», vous développerez le réflexe de freiner au moment où vous sentirez l'irritation vous gagner et éviterez ainsi d'être ballotté au point de perdre le contrôle de votre véhicule. Faites provision de patience et cultivez la stratégie suivante: ignorez les commentaires acerbes, les piques, les tentatives pour vous blesser; demeurez poli, mais prenez vos distances dans ces moments délicats. Avez-vous de ces personnes dans votre entourage? Quel plan d'action utilisez-vous face à leur chaussée cahoteuse? Y aurait-il une meilleure façon de faire, moins coûteuse et plus efficace? Il vaut la peine d'y penser parce que ces personnes peuvent finir par coûter très cher.

parents enfants

De façon cyclique, la vie familiale se fait cahoteuse; l'éducation des enfants est un parcours traversé d'obstacles, de la naissance à l'adolescence, et même jusqu'au début de l'âge adulte. À l'approche des cahots, et lorsque vous les traversez, comment réagissez-vous? Avez-vous tendance à devenir plus prudent ou devenez-vous plus agressif vis-à-vis de l'enfant? Je vous suggère de ralentir dans les zones cahoteuses, c'est-à-dire de prendre le temps de compter au moins jusqu'à cinq avant de dire quoi que ce soit. Considérez que, tout en étant vous-même parvenu au stade adulte, il vous arrive de «brasser» et de perdre patience: il est donc normal que l'enfant, qui ne possède pas encore le contrôle de lui-même, vive des périodes de cahots et commette des erreurs. Établissez entre vous et l'enfant un système de jetons qui donnent droit à l'erreur: si vous vous accordez cinq jetons vous autorisant à perdre patience, vous devrez en conséquence lui en donner trente pour que ce soit à peu près équivalent, puisque l'enfant ne possède pas encore la maîtrise de lui-même. Soyez réaliste, voire généreux, en estimant le nombre de vos jetons respectifs dans les premiers temps de l'exercice: il est plus constructif pour l'enfant de se rendre compte qu'il est déjà capable de se passer de jetons et de réduire sa réserve que de l'obliger à être déficitaire dès le départ. Surtout, chaque fois que vous utilisez l'un de vos jetons, réparez votre erreur: les enfants apprennent davantage de notre attitude que de ce qu'on leur dit. S'il est important pour vous que votre enfant apprenne à accepter ses erreurs et celles des autres, il doit d'abord pouvoir observer l'humilité de votre attitude ainsi que votre capacité à vous excuser spontanément.

travail

Le changement compte parmi les événements qui coûtent le plus cher à l'organisme. Les entreprises en évolution tout comme les travailleurs autonomes ont à vivre beaucoup de changements. Même lorsque ceux-ci visent une amélioration, le prix à payer demeure élevé. Il s'agit là de zones cahoteuses. Que faites-vous actuellement lorsque vous devez faire face à de tels épisodes? Vous êtes-vous rendu compte que la résistance au changement a pour effet d'amplifier ses effets perturbateurs? Si vous choisissez l'évitement, le refus, et vous obstinez à maintenir vos anciennes habitudes, la zone cahoteuse sera plus longue, les cahots deviendront de plus en plus importants et vous tomberez de plus en plus haut chaque fois que vous devrez surmonter l'un d'eux. L'une des façons les plus efficaces de traverser harmonieusement une telle période est de chercher à se faire des racines rapidement. Une plante à laquelle on offre une meilleure terre, un plus grand pot et plus de luminosité traverse toujours une phase d'adaptation: pendant deux semaines, le changement ne semble pas lui réussir du tout, elle s'étiole et perd de la vigueur jusqu'à ce qu'elle ait développé suffisamment de racines. De la même manière, déployez tous les efforts nécessaires pour vous familiariser tant avec la tâche, les lieux qu'avec les gens que vous aurez à fréquenter dans ce nouveau cadre: il pourra être nécessaire de faire des heures supplémentaires pour apprivoiser votre travail; il est indispensable d'aller à la rencontre de tous vos collègues et d'explorer les lieux; n'hésitez pas à poser toutes les questions dont la réponse est cruciale pour votre travail plutôt que de craindre de vous discréditer en les formulant.

couple

John Gottman[1] a trouvé une façon de reconnaître, avec une incroyable exactitude de 96 % à partir d'un test psychométrique d'une durée de quinze minutes, quels sont les couples dont le mariage résistera au temps et quels sont ceux qui connaîtront le divorce. Selon lui, ce ne sont pas les infidélités, le degré de passion et les problèmes du couple qui font la différence, mais la façon dont les partenaires gèrent leurs «cahots».

Parmi les prédicteurs de divorce, la façon dont s'amorcent les discussions s'avère des plus révélatrices: celles qui commencent mal finissent mal; celles qui ont un départ agressif se terminent généralement avec agressivité, d'où l'importance de faire des efforts pour entreprendre positivement les discussions, en essayant d'être le plus responsable possible, c'est-à-dire en tentant de prendre en compte le point de vue de l'autre. Jene Deschner, auteure de *The Hiting Habit,* a en effet relevé que lors d'un conflit, on a tendance à appliquer la règle du 100 % : j'ai 100 % raison, l'autre a 100 % tort. Lors d'un prochain cahot, essayez de modifier l'application de cette règle, en partant du principe que l'autre a, au moins, 1 % raison (ce qui vous laisse tout de même 99 %...) et en commençant la discussion non pas par vos raisons, mais en reconnaissant la valeur et la pertinence de ce 1 % — vous serez sans doute étonné des gains que vous en récolterez.

1. *Seven Principles for Making Marriage Work,* Crown Publishers, 1999.

Le meilleur conseil que l'on puisse offrir aux jeunes
en début de carrière est le suivant :
découvrez ce que vous aimez faire
et trouvez quelqu'un qui vous paiera pour le faire.

Katherine Whitehorn

FACTURE

Adresse :

____

____

____

Date :

____

Description de l'article	coût / unité	quantité	montant
		Sous-total :	
		Intérêt :	
		Taxes :	
		TOTAL :	

Signature : ______________________________

51. Facture

Réaliser que les relations parent-enfant impliquent des « coûts » dont il faut s'acquitter tôt ou tard. Évaluer la qualité des dons offerts et estimer les conséquences des dons « intéressés », à moyen et à long termes.

1. Observation et analyse de l'illustration.

Tout le monde reçoit des factures, qui font état des achats que l'on a faits ou des services que l'on a reçus ; lorsqu'on les règle en retard, on doit en outre payer des intérêts sur les montants en souffrance. Au quotidien, nous avons également des factures à acquitter.

2. Interprétations à explorer.

parents enfants

Les enfants ont besoin d'amour, d'affection, d'attention, de marques de reconnaissance, de renforcement et d'appréciation de leurs progrès, bref, de tous ces gestes qui alimentent leur estime d'eux-mêmes et leur désir de continuer à apprendre. Dans le cas contraire, en l'absence de ce soutien, la facture à payer peut s'avérer élevée. Disons par exemple qu'en décidant d'avoir un enfant, vous reconnaissez la nécessité d'accorder à votre fils ou votre fille 50 points d'attention par jour ; vous devez toutefois savoir que ce qui n'est pas acquitté une journée vient s'ajouter à la facture de la suivante (plus les intérêts). Vous vous rappelez sans doute une occasion où vous étiez fatigué et irritable, où non seulement vous n'étiez pas attentif à votre enfant, mais ajoutiez encore à la facture par votre indifférence ou des commentaires blessants ; vous avez sans nul doute remarqué que l'enfant en déficit devient infailliblement plus turbulent afin d'obtenir que vous preniez soin de lui. Pour prévenir les intérêts élevés, le parent peut utiliser différentes stratégies, même s'il ne dispose pas de la patience et de l'énergie qui lui permettraient de payer aisément ses 50 points quotidiens. Le langage non verbal produit plusieurs points d'attention, parce qu'il repose sur la complicité que vous avez créée ensemble et qu'il ne rencontre pas les résistances du langage : vous pouvez par exemple instaurer un système de signes entre vous et l'enfant (et un système différent pour chaque enfant), qui vous permet de lui signifier, en secret, « Je t'aime », « Je m'excuse », « Je suis fatigué mais je suis là quand même ». Les gestes d'affection sont également « payants » : les câlins, les clins d'œil, les baisers traduisent votre amour pour votre enfant et, même s'il semble réfractaire à les recevoir, lui vont directement au cœur[1].

habiletés sociales

C'est en donnant de l'affection, du soutien, de notre temps et de notre énergie que l'on reçoit le plus : une saine générosité ne calcule pas, ne comptabilise pas et ne facture pas à l'autre les gestes qui lui ont été offerts. Lorsque l'on compare ce que l'on a donné avec ce que l'on reçoit, le don n'est pas véritable ni complet : la différence est d'ailleurs tout à fait perceptible et l'autre sent bien que l'on donne en espérant recevoir ou que l'on donne de façon gratuite et sans attendre de contrepartie. Avez-vous tendance à établir un carnet de factures, à tenir un fichier de comptes à recevoir ? Attendez-vous d'être payé et ajoutez-vous des intérêts en nourrissant rancœur et ressentiment pour les « manquements » ou les omissions de l'autre ? Le sentiment d'être abusé, exploité, tout comme l'amertume qui résultent de ce comportement sont pourtant directement votre œuvre : en attendant exactement tel type de réponse, telle rétroaction de la part de l'autre, vous ne voyez peut-être pas les trésors qu'il vous offre, à sa manière et dans ses mots. En général, sentez-vous que plusieurs personnes sont en dette envers vous ? Si vous détruisiez votre carnet, croyez-vous que vous en éprouveriez plus de légèreté et de bien-être ? Que diriez-vous de choisir les personnes à qui vous donnerez en toute générosité et sans attente ?

C'est en donnant que l'on reçoit le plus, disions-nous, mais pas toujours de la personne à qui l'on a donné. C'est particulièrement le cas avec les enfants qui, pendant toute leur vie d'enfant, d'adolescent et même de jeune adulte ne font généralement pas preuve de reconnaissance pour tout ce que leurs parents leur donnent… jusqu'au jour où ils deviennent parents à leur tour ! À ce moment, l'enfant devenu parent comprend la valeur de ce qui lui a été offert et sa gratitude l'incite à donner à son tour gratuitement, généreusement, amoureusement à ses propres enfants.

---

[1] Pour obtenir des informations complémentaires, consulter mon livre *100 trucs pour améliorer vos relations avec les enfants* et celui de Jan Dargatz, *52 façons simples de dire « Je t'aime » à votre enfant.*

52. Bateau à coque de verre

52. Bateau à coque de verre

Tenir compte de l'évolution et des richesses de sa vie intérieure. Guider l'enfant dans sa découverte de lui-même.

1. Observation et analyse de l'illustration.

Ce genre de bateau peut être utilisé à des fins touristiques ou scientifiques, parce qu'une coque de verre permet l'observation des fonds marins. Dans un cadre récréatif, il ajoute encore au plaisir d'une promenade en mer en donnant accès à ce qui reste habituellement caché (végétation, coraux et poissons), à condition toutefois de quitter le pont et son panorama pour entrer à l'intérieur du bateau et se concentrer sur cette vie silencieuse.

2. Interprétations à explorer.

Il est très facile d'être distraits et de nous éloigner de nous-mêmes, en laissant voguer notre attention sur les événements de notre quotidien de la même manière qu'on se laisse captiver, en croisière, par la beauté des paysages de mer et de montagnes. Il est toutefois fort instructif et enrichissant de porter attention à ce qui vit à l'intérieur de nous, en l'observant comme on contemple la vie sous-marine, en prenant le temps de nous demander par exemple si l'on est vraiment heureux avec les choix que l'on a faits, si une partie de nous ne cherche pas à se dire ou à s'exprimer plus clairement, si certaines blessures n'auraient pas besoin de recevoir des soins plus intensifs pour pouvoir guérir, etc. Que cette dimension intérieure soit ou non reconnue, elle demeure néanmoins toujours présente et influe sur votre vie : elle peut par exemple freiner votre navire et ralentir votre course, ou au contraire vous propulser plus rapidement encore. En acceptant de l'observer régulièrement à travers la coque de verre, vous découvrez plus précisément les trésors cachés de votre personne, vos forces et vos aptitudes, vos bancs de coraux et vos anémones. Portez-vous attention exclusivement au monde extérieur ? Savez-vous reconnaître vos richesses intérieures et être à leur écoute ? Par ailleurs, vous concentrez-vous trop longtemps et trop fréquemment à contempler votre coque de verre ? Il faut veiller, en effet, à doser les lieux de notre attention et savoir observer le monde tout en s'écoutant soi-même afin d'éviter que le bateau ne dérive.

Le premier réflexe des parents éduquant leurs enfants est de les diriger constamment : « Fais ceci, fais cela », « Fais-le comme ça », « Ne fais pas ça », etc. Il est évident qu'un parent se voit dans l'obligation de donner des consignes et de dresser des balises, mais il faut éviter de diriger l'enfant sans tenir compte de sa personnalité, de ses forces et faiblesses, de ce qu'il veut faire et devenir. En étant trop directif, le parent s'interdit de découvrir son enfant (c'est pourtant là une partie extrêmement enrichissante de la relation parent-enfant) tout comme il interdit à ce dernier de se connaître et de renforcer en lui ses propres merveilles. En tant que parent, vous devez lui apprendre à entrer en contact avec lui-même, à prendre conscience de ce qui évolue sous sa coque de verre, à l'explorer et à l'exploiter au meilleur de ses capacités. De fait, l'estime et la confiance en soi résultent directement de la connaissance de soi : c'est en reconnaissant nos forces que l'on apprend à pouvoir compter sur elles, et c'est à partir de nos réactions dans les situations banales du quotidien que nous pouvons être sûrs de nous en toute circonstance, même lorsque surviennent des événements qui sortent de l'ordinaire. Par exemple, lors des achats à l'épicerie, vous avez présenté votre enfant à quelqu'un et il n'a pas su répondre aux questions très gentilles qu'on lui posait ; en l'interrogeant sur les motifs de sa timidité (qu'il s'agisse d'un manque d'habileté ou d'expérience) et en l'aidant à peaufiner ses compétences sociales, vous lui permettez de nommer ce qu'il ressent et de découvrir ce qui lui manque pour se sentir en confiance, pour agir de façon à être fier de lui la prochaine fois. Si vous vous contentez de lui dire : « Tu dois répondre quand quelqu'un fait l'effort de s'intéresser à toi », vous ne lui imposez qu'une obligation — et il serait fort étonnant qu'il prenne plaisir, dans l'avenir, à interagir avec les adultes qui s'intéresseront à lui.

53. Huîtres

53. Huîtres

Considérer la nécessité de s'ouvrir sur l'extérieur pour pouvoir créer et grandir. Réévaluer les jugements de valeur dépréciatifs formés au sujet des gens de l'entourage.

1. Observation et analyse de l'illustration.

Les huîtres les plus précieuses sont celles qui produisent des perles; pour fabriquer leur trésor, elles ont besoin d'être ouvertes sur l'extérieur et d'accueillir un grain de sable qu'elles transformeront en perle. D'elles-mêmes, les huîtres ne produisent rien: c'est par un échange avec le monde qui les entoure qu'elles y parviennent. Ainsi, dans la vie, pour nous construire et exprimer le meilleur de nous-mêmes, nous avons aussi besoin d'échanger avec les autres et de recueillir la moindre parcelle de ce qu'ils peuvent nous offrir.

2. Interprétations à explorer.

habiletés sociales

De façon le plus souvent lapidaire et sans appel, nous jugeons que certaines personnes ont peu d'importance, en décidant qu'elles ne valent pas grand-chose et ne peuvent nous apporter beaucoup. Ce peut être le cas par exemple avec les enfants, les nôtres comme ceux des autres: Jacques Salomé[1] rappelle que l'on traite souvent les enfants comme des demi-personnes, tout simplement en raison de leur taille. Vous rappelez-vous ce que vous éprouviez dans ces moments où un adulte vous traitait comme une quantité négligeable, voire inexistante? Quels sont, encore aujourd'hui, les sentiments que vous nourrissez envers ces adultes qui n'ont pas su agir correctement envers vous?

Cette attitude de fermeture frappe généralement les personnes qui souffrent d'un handicap ou qui sont moins douées, bref, qui diffèrent de notre façon d'être et qui n'actualisent pas nos valeurs de performance, de productivité, de rentabilité: spontanément, nous évitons tout rapport avec elles, sans songer que, comme l'huître accueille le grain de sable pour produire sa perle, le fait de porter attention à ce qu'elles peuvent nous apporter pourrait nous rendre meilleurs. Parce qu'elles sont différentes, elles voient également les choses différemment et portent sur notre façon de vivre un regard plus simple, plus proche des vraies valeurs, et sont généralement beaucoup plus généreuses et magnanimes. Nous ne pouvons que grandir à leur contact: chaque geste que nous leur offrons nous rend à notre tour plus généreux, plus altruistes. Avez-vous tendance à négliger les «grains de sable» qui vous entourent? Si vous avez l'impression de ne jamais offrir de perle à ceux que vous côtoyez, c'est peut-être parce que vous refusez tous les grains de sable de votre vie, que vous vous refermez au contact de toute différence, que vous gardez toute votre compassion pour vous-même.

maîtrise de soi

La valeur d'une huître, en elle-même, est appréciable pour ce qu'elle est, tout comme une personnalité, en soi, peut être remarquable; toutefois, lorsque l'on désire aller plus loin et donner sa pleine mesure à ce que l'on porte en soi, il nous faut accueillir ce qui provient de notre entourage et de notre milieu. Qu'il s'agisse d'événements auxquels nous assistons, d'informations qui nous sont transmises ou que l'on approfondit en poursuivant une formation, de nouvelles relations qui cherchent à se créer ou des amitiés établies qui prennent une nouvelle direction, tout peut contribuer à nous construire, tout peut nourrir notre désir de concevoir et d'accomplir de plus grandes réalisations. Selon les circonstances, pour une personne handicapée, une personne âgée en perte d'autonomie ou encore une personne convalescente, cet apport de l'extérieur que l'on accueille en soi peut se traduire par de menus services que l'on requiert et reçoit avec humilité. Si vous vous comparez à une huître, diriez-vous que vous êtes plutôt fermé ou que vous vous ouvrez facilement vers l'extérieur? Sentez-vous que ces échanges vous apportent beaucoup, ou qu'au contraire ils vous empoisonnent? Dans ce dernier cas, il faudra prendre garde à votre milieu environnant et vous prémunir contre des toxines qui gravitent autour de vous, en recherchant surtout les grains de sable avec lesquels vous pourrez créer.

[1] *Papa, maman, écoutez-moi vraiment,* 1989.

Défense de jeter
des ordures

54. Défense de jeter des ordures

Pour prendre conscience des conséquences à long terme de nos gestes destructeurs et paroles négatives, envers les autres comme envers nous-mêmes.

1. Observation et analyse de l'illustration.

Vous avez peut-être déjà remarqué, lors d'un voyage dans un pays où frappent la misère et la pauvreté, des accumulations de rebuts, et peut-être avez-vous été incommodé par les odeurs qui s'en dégageaient. Évidemment, le sous-développement d'une population implique que certaines priorités ne peuvent être prises en compte par la collectivité, trop préoccupée par sa survie pour seulement avoir l'énergie de penser à améliorer son environnement. Dans nos sociétés où, techniquement, nous aurions cette énergie, la pollution s'attaque également à notre environnement, mais de façon moins visible, et nous laissons parfois, sans nous en rendre compte, notre esprit et nos relations se faire polluer. Nous jetons souvent des rebuts partout autour de nous en croyant que, parce qu'ils sont invisibles, ils n'existent pas, alors que ce sont précisément eux les plus destructeurs.

2. Interprétations à explorer.

maîtrise de soi

Si nous ne sommes pas nous-mêmes notre meilleur ami, notre vie risque d'être très difficile et, parfois, nous contribuons à la rendre plus compliquée encore. Les échecs, les moments difficiles, la peine causée par toutes sortes de situations font partie de notre parcours en tant qu'humains. Nous avons besoin d'une voix, à l'intérieur de nous, qui croie en nous, qui nous appuie et nous soutienne. Malheureusement, plusieurs laissent plutôt s'installer en eux une voix terroriste: «Tu as encore échoué...», «Tu n'es même pas capable de te lever à l'heure!», «As-tu vu comment tu parles à l'autre?», «Regarde-toi, tu ne sais même pas t'habiller comme du monde». Pour ces personnes, chaque élément du décor extérieur devient une occasion de polluer le décor intérieur, ce qui assombrit et alourdit leur état général et peut même finir par étouffer leurs ressources, qui ne peuvent s'exprimer tant elles sont envahies par les rebuts. À quand remonte la dernière fois où vous avez jeté des rebuts dans votre territoire personnel? Quels étaient les mots ou les attitudes que vous aviez choisis pour vous adresser à vous-même? Auriez-vous pu éviter de lancer ces rebuts? Que diriez-vous de soumettre votre propre territoire aux sanctions qui s'appliquent au code de la route? Chaque fois que vous vous jetez un rebut, vous devrez déposer un certain montant d'argent dans un compte, qui servirait à vous offrir un voyage ou un plaisir afin de réparer les dommages que vous vous êtes infligés. À quand l'ouverture de votre compte spécial?

parents enfants

Plusieurs parents ignorent complètement l'impact des mots qu'ils prononcent sous le coup de la colère. Ces mots laissent le plus souvent des stigmates qui s'incrustent dans l'imagination et dans l'être tout entier de l'enfant: les parents sont souvent étonnés de voir que leurs paroles sont comme une graine de mauvaise herbe qui pousse, prend force et vigueur et finit par donner des fruits qui sont fort éloignés de ce qu'ils désiraient atteindre comme résultat. L'un des meilleurs moyens d'éviter ces conséquences à long terme est de ramasser chaque rebut dès qu'il vient d'être jeté, de nettoyer les dégâts avant qu'ils commencent à sentir, en d'autres termes, de s'excuser et de rectifier le sens des paroles qui vous ont échappé. Vous pouvez par ailleurs créer un système de points qui vous permette de réparer, au fur et à mesure, les blessures causées à votre enfant, peu importe son âge: chaque fois que vous lui lancez un rebut, il accumule des points et, de la même manière, vous en gagnez lorsqu'il commet une erreur. Après avoir perdu un certain nombre de points, vous devez accorder une faveur spéciale à l'autre. N'oubliez pas de tenir compte du fait qu'il est normal que l'enfant utilise plus de points que l'adulte: si vous ne pouvez faire autrement que de perdre cinq points (parce que vous avez jeté cinq rebuts), permettez à l'enfant, surtout s'il est en très bas âge, d'avoir au moins trente points à «dépenser» pour que vous ayez des chances équivalentes.

L'un des meilleurs antidotes contre la dépression et le *burnout* est de développer et de maintenir un réseau social satisfaisant. En général, nous ne sommes pas conscients de l'importance de cultiver ce réseau et laissons s'étioler des relations qui nous seraient précieuses en cas de coup dur, par le soutien qu'elles peuvent apporter, mais également parce que notre présence auprès des autres nous permet de nous sentir utiles et oriente positivement la signification de notre vie. Si vous vivez un conflit avec quelqu'un dont vous étiez proche et que vous décidez de couper les liens (en vous disant: «Si ça ne marche pas avec lui, ça marchera avec quelqu'un d'autre»), ce que vous aviez instauré comme relation de confiance et d'entraide vous manque et joue contre vous au lieu de vous aider. En effet, les relations que l'on a abandonnées sans résoudre ce qui les a polluées dégagent, avec le temps, des odeurs qui reviennent nous hanter. Il est faux de croire que parce qu'on ne voit plus l'autre et n'entretient plus de relation avec lui, tout est terminé: la pollution est toujours présente, soit parce que les autres ont vu vos réactions, en ont été déçus et, depuis, se méfient de votre loyauté, soit parce qu'un certain malaise persiste et revient régulièrement vous tarabuster. La meilleure façon de vivre les conflits dans les relations interpersonnelles est d'éviter à tout prix de jeter des ordures, de jeter à la figure de l'autre des choses qui pourraient le blesser et, si vous n'avez pu l'empêcher, ayez l'humilité et le courage de nettoyer ce que vous avez fait... et le plus tôt possible, avant que vermines ou rongeurs s'en mêlent!

Les pouvoirs de l'introspection[1]

James Pennebaker a montré, dans une série d'expériences, que le fait de parler de ses soucis est bénéfique pour la santé. Sa méthode est remarquablement simple : il demande aux sujets d'évoquer par écrit, durant quinze à vingt minutes, pendant cinq ou six jours, des choses comme « l'expérience la plus traumatisante de votre vie » ou ce qui les tracasse le plus à ce moment-là. Ils ne sont pas tenus de raconter ce qu'ils ont écrit.

L'effet de cette confession est frappant : amélioration de la fonction immunitaire, espacement significatif des visites chez le médecin dans les six mois suivants, diminution des absences au travail et, même, amélioration de la fonction enzymatique du foie. En outre, ceux dont les écrits révélaient un trouble profond obtenaient la plus forte amélioration de leur fonction immunitaire.

[1] Cité par Daniel Goleman, 1997, p. 230-231.

55. Pêche

55. Pêche

Constater la proportionnalité des gestes et de leurs conséquences, dans nos relations interpersonnelles comme dans notre vie professionnelle.

1. Observation et analyse de l'illustration.

Selon le type de pêche pratiqué, l'endroit où elle a lieu, les instruments (canne, filet, cage, etc.) et les appâts utilisés, les prises ne seront pas les mêmes. Nous aussi devons nous assurer de posséder le bon attirail pour récolter ce que nous souhaitons.

2. Interprétations à explorer.

habiletés sociales

Selon les personnes que nous fréquentons et selon notre façon de garnir notre attirail de pêche, nous pêcherons des prises comestibles ou indigestes. Les insultes et les jugements lapidaires sont des filets qui ne capturent que des poissons qui leur ressemblent ; la froideur, la distance et une attitude fermée n'appâtent généralement pas grand-chose ; les gestes attentionnés et les services désintéressés qui ne sont pas offerts aux dépens de soi-même se traduisent généralement par une pêche riche, abondante et nourrissante. Lorsque vous allez à la « pêche » amicale, qu'utilisez-vous comme appât ? Dans quel type d'étendue d'eau lancez-vous votre ligne ou vos filets ? Auriez-vous besoin d'explorer d'autres milieux que celui que vous fréquentez actuellement ?

travail

Les personnes sans emploi ou qui estiment que leur travail est inintéressant peuvent s'interroger en développant plus avant cette métaphore : la zone de pêche a-t-elle épuisé sa ressource de poissons ? Vaudrait-il la peine de chercher à pêcher dans d'autres bassins, quitte à changer de région ? Le poisson que vous recherchez vit-il vraiment dans l'écosystème dans lequel vous avez lancé votre ligne ? Peut-être s'avère-t-il momentanément absent de votre territoire et devriez-vous tenter d'apprécier d'autres prises, soit en attendant que la première espèce revienne en force, soit de façon définitive, en vous investissant à fond dans un style de pêche différent de celui que vous aviez prévu pratiquer ? Êtes-vous certain que votre attirail de pêche est complet, qu'il contient un *curriculum vitæ* rédigé dans les normes, une bonne présentation de vous-même en entrevue d'emploi, etc. ?

56. Garage

56. Garage

Améliorer la tenue de route de son véhicule personnel au quotidien. Réaliser que le confort et la satisfaction d'une situation comme d'une relation sont proportionnels aux investissements et aux efforts qui y sont accordés.

1. Observation et analyse de l'illustration.

Lorsque vient le moment de choisir un véhicule automobile, plusieurs options sont possibles : une petite économique, une intermédiaire, une berline familiale, une fourgonnette, etc. Certaines sont plus abordables, d'autres plus confortables, mais toutes les voitures ont pour fonction de nous conduire du point A au point B.

2. Interprétations à explorer.

maîtrise de soi

Dans notre vie, certaines attitudes et dispositions d'esprit s'avèrent plus confortables que d'autres : lorsque l'on est trop exigeant envers soi-même, que l'on ne se pardonne pas facilement ses erreurs ni ne prend les moyens pour les corriger, que l'on se compare constamment à des modèles inaccessibles, notre véhicule roule et parcourt son kilométrage comme les autres, mais le trajet est très inconfortable. On peut au contraire vivre avec soi-même comme dans une voiture de luxe, en prenant conscience que personne d'autre que soi ne peut assurer son propre bien-être, en adoptant une façon de voir les choses qui permette de se dépasser sans cesse, en se fixant des défis réalisables, en demeurant à l'écoute de soi, en prenant soin de se reposer lorsque l'on se sent fatigué, en s'offrant régulièrement des récompenses, en soulignant par de petites fêtes les événements qui méritent d'être célébrés. Rien ne vous oblige à vous contenter de vieux modèles hérités de l'enfance ou de vos parents : pourquoi reconduire servilement les attitudes qui vous faisaient souffrir et que vous vous étiez juré de ne pas reproduire ? Pourquoi rester aujourd'hui encore avec ce sentiment de rivalité qui vous faisait vous comparer à vos frères et sœurs sur les bancs de l'école ? Avec quel véhicule circulez-vous ? En êtes-vous pleinement satisfait ? À quand la voiture de luxe ?

habiletés sociales

couple

Dans une relation, qu'elle soit professionnelle, amicale ou amoureuse, la tenue de route de notre véhicule commun sera proportionnelle à l'investissement que l'on aura consenti pour son achat et son entretien : lorsque l'on paie une voiture un bon prix, elle nous procure habituellement un plus grand confort pour une plus longue période. Investir dans un véhicule relationnel, c'est être présent auprès de l'autre pour le féliciter dans les moments heureux, le soutenir d'un geste ou d'un bon mot dans les occasions plus difficiles, lui sourire et être attentif à sa personne au quotidien. On peut évidemment se contenter de rouler avec sa voiture sans y accorder de soin particulier, mais il faut accepter, dans ce cas, qu'elle soit inconfortable, beaucoup moins agréable à conduire et peu durable. Dans quelle sorte de voiture roulez-vous sur le plan interpersonnel ? Choisissez cinq ou dix personnes de votre entourage que vous fréquentez régulièrement, qu'il s'agisse ou non d'intimes, et observez le type de véhicule que vous avez créé dans votre relation avec chacune d'elles : auriez-vous envie d'investir davantage ? Contrairement aux ressources financières qui peuvent être limitées ou insuffisantes pour se procurer la voiture de notre choix, les ressources émotionnelles et affectives sont toujours disponibles et l'investissement que l'on en fait fructifie comme nulle opération financière ne saurait le faire.

57. Limites de vitesse

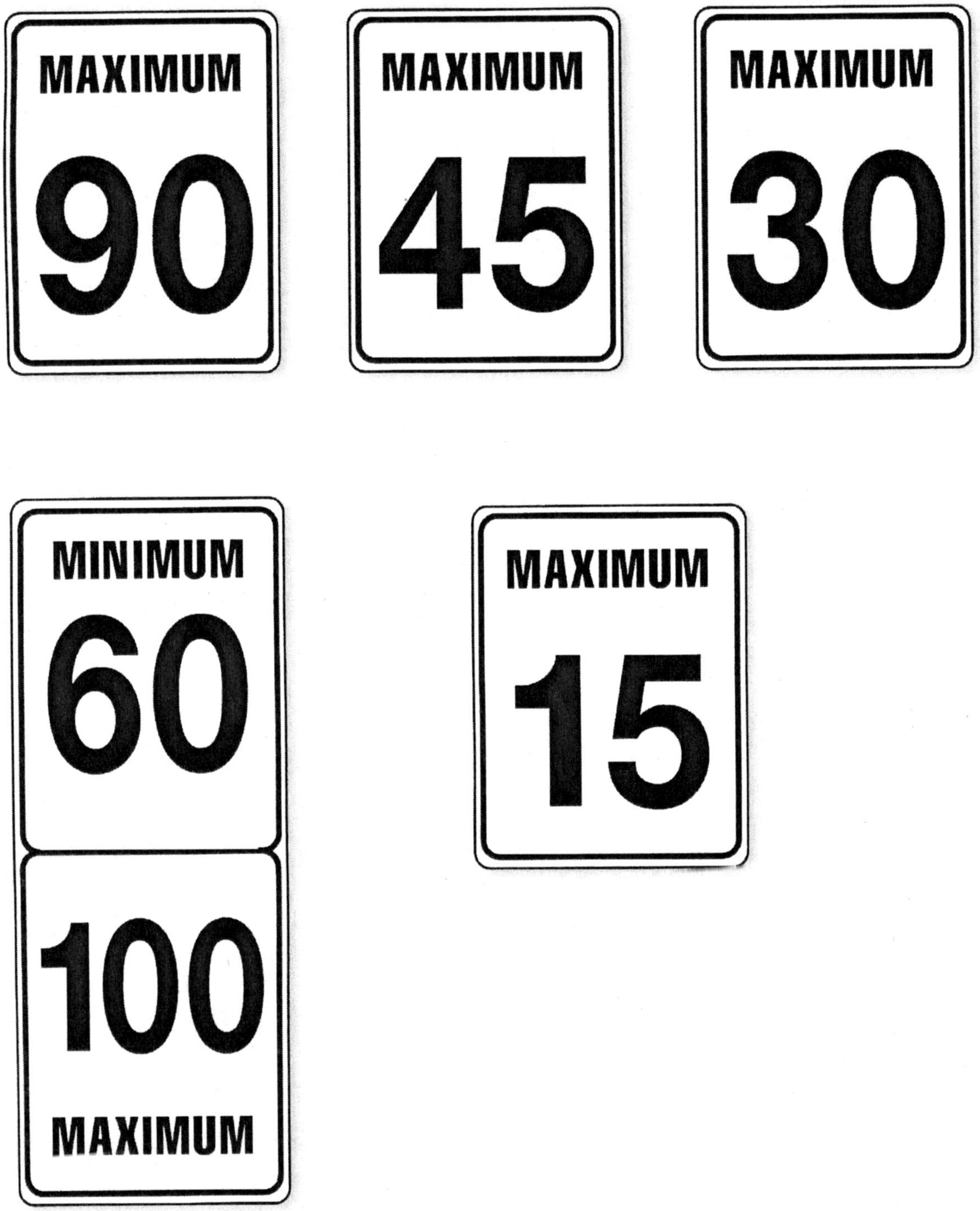

57. Limites de vitesse

Réaliser qu'il nous faut adapter notre rythme aux événements et à notre environnement. Développer une attention particulière aux routes que traversent ceux qui nous entourent. Enseigner aux enfants à adopter la bonne vitesse dans leurs activités.

1. Observation et analyse de l'illustration.

À quelles zones routières spécifiques correspondent ces différentes limites de vitesse ? Les abords d'une école sont habituellement protégés par une limite de vitesse de 30 km/h ; les sorties d'autoroute imposent 45 km/h, car elles sont habituellement sinueuses ; dans les virages serrés, il est obligatoire de ralentir à 50 km/h ; sur les routes secondaires, la limite est, au plus, de 90 km/h puisque les véhicules qui y circulent peuvent se rencontrer ; sur les autoroutes, la vitesse minimum est de 60 km/h mais ne devrait pas excéder 100 km/h.

2. Interprétations à explorer.

Observez-vous certaines limites de vitesse dans votre vie, selon votre état d'être ou les événements qui surviennent ? Lorsque plusieurs de vos proches traversent, à peu près en même temps, une période difficile (échec, maladie, difficultés familiales, etc.), l'atmosphère ambiante s'alourdit pour vous aussi et il est préférable de ralentir votre vitesse, car vous risquez, vous aussi, d'en être affaibli. Dans ces moments où votre énergie est principalement utilisée pour apporter soutien et réconfort aux gens que vous aimez, le fait de ralentir le rythme vous permettra de ménager vos réserves et d'être plus vigilant : la vitesse étourdit et, lorsque l'on se sent aspiré par les besoins des autres, on ne se rend plus compte de l'urgence des nôtres. Soyez prévenant et faites l'effort de lever le pied de l'accélérateur avant d'être épuisé.

Chaque individu passe et repasse par certains itinéraires (allant de simples altercations avec les personnes de notre entourage aux crises existentielles) qui, aussi désagréables soient-ils, ne peuvent être évités ; s'ils nous font parfois connaître la souffrance et le désespoir, ils donnent tout son prix à la vie, surtout lorsque l'on apprend à en tirer les leçons et à adapter notre conduite en conséquence. Quelles zones routières fréquentez-vous actuellement ? Êtes-vous déjà passé par cette route ? Qu'aviez-vous choisi comme vitesse à l'époque ? Estimez-vous maintenant que c'était là la meilleure façon de conduire votre véhicule ? Ce choix a-t-il fait augmenter les conséquences néfastes de cette croisée des chemins ? Qu'auriez-vous pu faire de différent alors ? Que pourriez-vous changer aujourd'hui ?

Lorsque les enfants vivent une période de crise ou de croissance, la tension à la maison risque de s'élever au point qu'il y ait parfois risque de contamination. Ralentir, dans ces cas-là, se traduit par une attitude parentale tout aussi présente et attentive, mais plus « légère » : utilisez alors les reflets, l'écoute active, et faites preuve de patience, en gardant une vitesse de 15 ou 30 km/h maximum. Si vous conservez votre vitesse de croisière habituelle, vous risquez d'« écraser » votre enfant ou votre adolescent qui traverse une phase de grande vulnérabilité. Votre influence sur vos enfants est très grande et votre façon de réagir à cette étape de leur croissance s'avère souvent la meilleure leçon que l'on puisse leur servir. Pourquoi ne pas afficher sur le réfrigérateur la vitesse maximum que vous souhaitez vous autoriser pendant cette phase ?

En tant que parent qui assumez les rôles de pédagogue, d'éducateur et d'entraîneur dans l'apprentissage de la vie, vous avez la responsabilité d'enseigner à votre enfant à respecter certaines limites de vitesse afin de favoriser au mieux sa formation tout en protégeant le plus possible son enfance. Lorsque les enfants sont jeunes, ils ne savent pas encore limiter leur vitesse : l'enfant de première année qui s'inquiète de ses résultats et s'en demande vraiment trop doit être ralenti. C'est à vous qu'il revient de lui inculquer cette attitude en négociant des moments de détente. Au contraire, plusieurs enfants doivent apprendre à accélérer ; l'analogie du lièvre et de la tortue donne en général d'excellents résultats.

58. Cadeau

58. Cadeau

Prendre l'habitude de donner quotidiennement des cadeaux d'attention à son partenaire amoureux. Réfléchir à la façon dont les cadeaux que la vie nous a offerts ont été reçus, appréciés et utilisés.

1. Observation et analyse de l'illustration.

Un cadeau fait toujours plaisir, qu'on le donne ou qu'on le reçoive: quelles que soient sa valeur et sa taille, c'est de sentir que l'autre a voulu nous faire plaisir et nous être agréable qui nous émeut le plus.

2. Interprétations à explorer.

Dans une relation amoureuse, il y a plusieurs façons de s'offrir des cadeaux. L'un des plus précieux est sans doute de faire les premiers pas lorsque survient un différend ou une dispute: l'autre se sent «choisi» à nouveau et apprécié, car vous avez surmonté votre colère ou votre dépit pour faire un geste d'ouverture et d'excuse. Les petites marques d'attention s'avèrent également extrêmement touchantes; le messager est le message, ce qui signifie que c'est la façon dont on donne le cadeau qui importe. Ainsi, on peut évidemment dire «Je t'aime», mais aussi l'écrire sur un petit bout de papier que l'autre découvrira au réveil, le lui faire parvenir par courriel ou par télécopieur, l'afficher sur le réfrigérateur, etc. Ces façons particulières de transmettre le message sont plus touchantes que les mots que celui-ci communique — et constituent, en fait, le message lui-même (je t'aime d'une façon si peu ordinaire que je te le signifie par des moyens qui sortent de l'ordinaire). Pour trouver des façons spéciales de dire et d'offrir vos présents, vous pouvez vous inspirer directement de ce qui vous a vous-même ému, lorsque d'autres vous ont offert de ces cadeaux qui ne coûtent que du temps et de l'attention — et dont vous gardez toujours le souvenir.

La vie à deux, par simple habitude, tend à s'user et à s'émousser: pour avoir envie de s'y retrouver, d'y revenir, d'y être bien ensemble, il faut s'offrir une grande abondance de cadeaux d'attention. Faites-en l'expérience: plus vous consacrez d'efforts à multiplier ces présents, plus votre vie à deux devient riche et satisfaisante. À quand remonte la dernière fois où vous avez fait ce genre de cadeau spécial à l'autre? Qu'est-ce qui pourrait lui faire plaisir? Harvill Hendrix conseille de retrouver l'esprit des débuts de votre relation, ces moments où vous trouviez toujours le temps et l'inspiration pour surprendre l'autre avec des trésors d'attention[1]: Que faisiez-vous alors et que disiez-vous à l'autre, qui le captivait, le séduisait et vous rendait vous-même captivant? Quand allez-vous utiliser votre inspiration pour créer un nid douillet pour votre couple?

Quels sont les cadeaux que vous avez reçus dès votre naissance et au cours de votre enfance? Nous recevons tous des cadeaux de la vie: attributs physiques, habiletés de communication, facilité à exceller dans une discipline (intellectuelle, sportive, artistique), etc. Les avez-vous mis à profit? Les utilisez-vous? Qu'en faites-vous? On ne peut être vraiment heureux tant que l'on ne rend pas à la vie ce qu'elle nous a donné. Il est extrêmement difficile de vivre avec un potentiel inexploité et laissé en friche, car il en résulte un sentiment d'incomplétude qui pèse lourd sur l'âme: on ne se retrouve dans rien de ce que l'on fait et l'impression de notre inutilité se propage dans toutes les sphères de notre vie. Pourquoi ne pas commencer à cultiver ce qui vous a été donné? Quel premier pas, si minuscule soit-il, pourriez-vous accomplir pour commencer à faire une place dans votre quotidien à ce talent qui vous est particulier?

[1] Le lecteur trouvera également des réflexions et des suggestions concrètes sur ce sujet dans mon livre *Cures de rajeunissement pour vos relations sexuelles.*

59. Boule de cristal

59. Boule de cristal

Prendre conscience que les croyances et opinions sur notre vie orientent et déterminent le cours qu'elle suivra.

1. Observation et analyse de l'illustration.

Dans le folklore populaire, les boules de cristal ont la réputation de permettre aux diseuses de bonne aventure de voir l'avenir des gens qui les consultent.

2. Interprétations à explorer.

maîtrise de soi

Si vous étiez voyant(e) et regardiez dans votre boule de cristal, que verriez-vous de votre vie sur les plans personnel, financier, amoureux, professionnel? Que vous arrivera-t-il? Comment passerez-vous vos vieux jours? Quels sont les événements difficiles qui risquent de vous arriver? Quels sont les cadeaux que la vie vous offrira? Voyez-vous une vie riche, épanouie, satisfaisante et confortable? Ou au contraire des années difficiles, douloureuses et misérables? Évidemment, personne ne peut prédire l'avenir, mais votre façon même de l'envisager et de l'appréhender indique déjà la tendance générale que prendra votre vie. Ce que vous croyez de votre avenir guide silencieusement, mais assurément, vos comportements: lorsque l'on se donne la peine d'y réfléchir, il est possible de prendre conscience des croyances, des valeurs et des attentes qui balisent notre itinéraire de vie — et l'influencent. Notre puissance d'autoconviction peut être phénoménale: tout le monde connaît l'effet placebo, qui a pour conséquence qu'un malade qui absorbe un comprimé non médicamenteux connaîtra néanmoins les effets positifs du médicament qu'il croit prendre. Et vous connaissez sans nul doute cette histoire du livreur de produits surgelés qui s'est malencontreusement enfermé et est mort de froid dans le compartiment réfrigéré de son camion… alors que celui-ci était défectueux et que sa température était tout à fait viable. Il vaut donc la peine de réfléchir à ce que l'on croit de soi-même et de sa vie, car nos opinions sur ces sujets déterminent dans les faits notre façon d'être, de réagir et de nous conditionner pour correspondre à l'idée que l'on se fait de notre avenir. Comme le disait Milton Erickson, célèbre psychiatre américain: « Méfiez-vous de ce que vous rêvez, car cela se réalisera. »

60. Lait caillé

60. Lait caillé

Déceler les constituants d'un mauvais mélange et les replacer dans de meilleurs contextes, sur le plan interpersonnel ou de la gestion du quotidien.

1. Observation et analyse de l'illustration.

Certains ingrédients ne se mélangent pas ensemble car, bien qu'individuellement sains, ils réagissent ensemble de façon telle qu'ils deviennent non comestibles : dans la catégorie alimentaire, il en va ainsi du lait et du citron qui, ensemble, produisent toujours la même réaction — du lait caillé. Dans notre vie, certaines attitudes s'avèrent également incompatibles et produisent des « sentiments caillés ».

2. Interprétations à explorer.

Vous avez peut-être déjà reçu un commentaire qui émanait d'une bonne intention, mais formulé et exprimé de telle manière qu'il vous a été difficile de le recevoir avec le sourire. Certaines personnes éprouvent ainsi beaucoup de maladresse à dire clairement et respectueusement ce qu'elles ressentent : à la base, elles n'ont généralement pas d'intentions malveillantes, mais cherchent plutôt à se défendre, à se valoriser, ou sont simplement mal à l'aise, gênées ; néanmoins, d'une façon presque infaillible, elles toucheront la zone la plus sensible de leur interlocuteur — et les feront cailler. Quel est votre premier réflexe dans ces cas-là ? Comment vous comportez-vous à l'égard de ces personnes ? Devant de tels propos, résistez à l'envie d'adopter le point de vue qui vous choque et vous blesse : gardez-le à distance et cherchez plutôt à trouver les motifs qui ont poussé l'autre à parler ou à agir de cette façon, sans lui attribuer de desseins perfides. Vous constaterez que cette attitude de mise à distance aura pour effet de neutraliser la réaction négative qui risquait de se produire. En outre, vous pourrez isoler plus clairement la bonne intention initiale de l'autre, celle qui a été brouillée au moment de s'exprimer : vous arriverez alors à séparer les ingrédients incompatibles et à retenir simplement le sens premier du message.

Nous mélangeons parfois dans notre vie des éléments inconciliables, comme l'alcool et la conduite automobile, une période intense de travail et la naissance d'un enfant, vouloir être respecté par son milieu de travail mais ne pas faire preuve de ponctualité, vouloir s'offrir des vacances mais dilapider son salaire à chaque paie, etc. Évidemment, la présence de tels inconciliables crée un sentiment de malaise, de mal-être, augmente le taux de fatigue, le poids des responsabilités et le niveau de stress. Si vous ressentez ces symptômes, demandez-vous si vous n'avez pas mis en contact des éléments incompatibles, qui créent un paradoxe intérieur avec lequel vous ne pouvez vivre. Quels étaient les mélanges malheureux dont vous avez souffert dans un passé relativement récent ? Qu'auriez-vous pu éliminer ou laisser de côté pour résoudre ce malaise ? Il ne s'agit pas de restreindre ses activités ou de choisir exclusivement l'une ou l'autre, mais bien de voir à respecter leurs compatibilités et de les placer dans des contextes qui les rendront encore plus appréciables — de la même façon que le lait s'harmonise avec le chocolat et le citron avec la tequila.

61. Bilan financier

61. Bilan financier

Prendre conscience de l'importance de dresser ses bilans, sur les plans personnel, amoureux et professionnel, en évaluant les résultats obtenus pour mieux planifier l'avenir.

1. Observation et analyse de l'illustration.

Le bilan financier d'une compagnie doit être déposé annuellement, non seulement auprès du fisc — auquel il faut déclarer ses revenus —, mais également auprès des administrateurs, de façon à évaluer les aspects positifs et négatifs des activités passées et à orienter conséquemment les activités futures. Il permet ainsi de mieux cibler les actions à entreprendre pour maintenir et augmenter la rentabilité de l'entreprise.

2. Interprétations à explorer.

couple

La vie à deux a régulièrement besoin, comme toute entreprise, de dresser son bilan et de se fixer des objectifs individuels et communs: il s'agit par exemple d'évaluer l'évolution des projets familiaux et les étapes qu'il reste à franchir pour les concrétiser, ou encore d'estimer, pour l'un et l'autre des partenaires, le degré de satisfaction à l'égard de la dimension sexuelle du couple et de cibler, le cas échéant, les points à améliorer. Chacun subit des influences différentes, en provenance de son milieu de vie individuel (professionnel, familial, amical ou social), et ses désirs comme ses besoins peuvent fluctuer en regard des idées et des courants qui y circulent; il importe particulièrement de comparer les similitudes et les divergences des aspirations singulières des partenaires du couple afin d'éviter de se perdre, de ne plus avoir envie des mêmes choses ou de la même vie, et de rectifier le tir pendant qu'il en est encore temps. Dresser un bilan du couple signifie ainsi comparer les bilans sectoriels des départements «moi» et «l'autre», afin d'évaluer les zones où il faudrait investir un peu plus ou d'indiquer les secteurs qu'il faudrait rénover en profondeur: la mise en commun doit s'effectuer sans jugement et avec respect afin de permettre aux différents points de vue d'être exprimés. Partez du principe que la seule volonté de vous livrer à cet exercice témoigne de votre désir profond de poursuivre la vie à deux et d'y investir encore temps, énergie et affection.

Produisez-vous au moins une fois par année ce bilan de votre vie, ou laissez-vous le hasard arranger les choses? Vous pouvez utiliser certains outils qui serviront de base à la discussion, des livres comme celui de John Gottman, *Seven Principles for Making Marriage Work,* ou celui que j'ai fait paraître, *Cures de rajeunissement pour vos relations sexuelles,* qui pourront vous guider dans un bilan de votre vie sexuelle comme de l'ensemble de votre vie à deux.

travail

L'un des dangers qui guettent les travailleurs autonomes est de consacrer de trop nombreuses heures à leur travail. Il est difficile de déterminer si un horaire hebdomadaire de 25, 35 ou 75 heures est sain ou malsain; de fait, la charge de travail idéale n'est pas la même pour tous et ce sont plutôt la passion et le sentiment de s'accomplir qui doivent servir ici de critères. En vous guidant sur ces indicateurs («Ai-je du plaisir à faire ce que je fais?»; «Qu'est-ce qui m'épuise?»; «Dans quelles circonstances est-ce que je me sens au meilleur de mes capacités?», «Est-ce que j'arrive à maintenir un équilibre entre ma vie personnelle et professionnelle?»), quel est votre bilan professionnel? Qu'auriez-vous à inscrire dans la colonne du solde négatif? Dans celle du solde positif? Quel changement croyez-vous devoir effectuer pour que le prochain bilan soit plus équilibré et plus rentable? La réussite d'une entreprise dépend directement des prévisions et planifications qu'elle avait établies... sept ans auparavant; sur le plan personnel, il en va de la même manière et il faut orienter dès maintenant vos actions en regard du but que vous voulez atteindre à long terme.

62. Un, deux, trois, partez!

62. Un, deux, trois, partez !

Apprendre à saisir le moment idéal pour agir, au travail comme dans les relations interpersonnelles. Prendre conscience des conséquences bénéfiques de l'exercice physique.

1. Observation et analyse de l'illustration.

Dans une course, il est important de prendre le départ à temps pour optimiser ses chances d'arriver parmi les premiers au fil d'arrivée. De la même manière, dans la vie, il y a des départs qu'il faut savoir prendre à temps.

2. Interprétations à explorer.

habiletés sociales

Lorsque vous vivez des déplacements importants (déménagement, transfert ou mutation au travail) et que vous arrivez dans un endroit où la majorité des personnes vous sont inconnues, il importe particulièrement de ne pas tarder à prendre le départ en reconstituant rapidement votre réseau social et professionnel. L'attitude la plus répandue consiste à attendre que les autres fassent les premiers pas, initient la conversation ; si tel est votre cas, ne laissez surtout pas échapper l'occasion de prendre le départ à votre tour si vous voulez sortir vainqueur de cette « épreuve d'athlétisme social ». Si, au contraire, vous refusez les avances cordiales qui vous sont adressées, si vous ne contribuez pas à cette relation naissante, vous risquez de perdre la course — et votre confiance en vous — : il vous sera encore plus difficile, par la suite, de franchir le premier pas et de nouer de nouvelles relations. Prenez garde, par ailleurs, à ne pas abandonner la course en cours de route : il ne suffit pas de prendre le départ et d'entrer en contact avec l'autre, il faut encore installer la relation et la nourrir, lui porter suffisamment d'attention pour qu'elle puisse franchir victorieusement le fil d'arrivée. Estimez-vous être plus performant au moment du départ ou dans la durée d'une relation ? Comment pourriez-vous améliorer vos habiletés sur le plan des rapports interpersonnels, avec vos amis les plus proches comme avec vos connaissances en général, à tout moment de la course ?

travail

Il s'agit presque d'une loi de la nature : plus un travail nous semble pénible et difficile, plus une tâche nous rebute, plus nous retardons le moment de nous mettre à l'œuvre. Quelle mauvaise idée ! Le travail que l'on retarde d'une semaine nous coûte doublement cher : non seulement nous prenons une semaine de retard, mais encore nous nous offrons ainsi une pleine semaine d'anxiété et de stress parfaitement inutiles. D'une manière ou d'une autre, quel que soit le temps ainsi gaspillé, ce travail s'avère être une pure dépense d'énergie tant qu'il n'est pas commencé, d'où l'importance de prendre le départ le plus tôt possible, pour en limiter les coûts et peut-être même produire des bénéfices. Même dans les petits travaux du quotidien, à la maison comme dans notre vie professionnelle, quelles sont les tâches que vous avez tendance à remettre à plus tard ? Que diriez-vous de faire le plus rapidement possible, pendant la prochaine semaine, le moindre petit devoir qui vous incombe et évaluer la rentabilité de cette méthode ? Vous pourriez y découvrir une nouvelle philosophie de vie !

maîtrise de soi

On ne saurait trop insister sur l'importance de prendre le départ en suivant un programme d'exercices physiques réguliers : une personne ne peut maintenir son degré de satisfaction à l'égard de sa vie en général au-delà de 7 sur 10 si elle ne prend pas soin de faire travailler régulièrement son corps. Il n'est pas nécessaire de viser les Olympiques pour être actif sur ce plan, mais de faire de la marche, du vélo, de jouer à l'extérieur avec les enfants, etc. L'habitude de faire de l'exercice contribue à améliorer votre image de vous-même, vous donne de l'audace, de la persévérance, cultive votre sens de la discipline, augmente votre résistance et votre tonus, ce qui rend les journées moins épuisantes. Le désir et les performances sexuels en sont également améliorés : les hommes et les femmes dans la cinquantaine percevront un impact réel de l'exercice sur cette aspect de leur vie, à un âge où le corps n'est plus aussi réceptif qu'avant et doit connaître une période de réchauffement plus longue : l'aisance du corps ainsi que la robustesse et le surplus d'énergie que procure l'exercice régulier permettent de mieux s'accommoder de tels ralentissements.

63. Oisillons

63. Oisillons

Déceler les comportements destructeurs de dépendance et savoir respecter sainement la dépendance des enfants envers leurs parents.

1. Observation et analyse de l'illustration.

Les oisillons demeurent, pendant quelque temps, totalement dépendants de leur mère : si elle n'est pas en mesure de nourrir ou de protéger ses petits, ceux-ci mourront.

2. Interprétations à explorer.

maîtrise de soi

Certaines personnes connaissent également une dépendance à l'égard d'une substance comme l'alcool, la drogue, la cigarette, les médicaments ou la nourriture, à l'égard de produits de consommation comme Internet ou des biens matériels, ou encore, sur le plan affectif cette fois, envers une autre personne. À moins d'être un enfant tout à fait vulnérable devant la vie, ces espèces de dépendance ne sont pas vitales. La dépendance des adultes provient souvent du sentiment d'être « trop petit » devant certains obstacles ou l'existence en général, ce qui les pousse à aller chercher des « réconforts » qui les aident à vivre, momentanément, mais qui les maintiennent dans un état de fragilité et de vulnérabilité, dans une incapacité d'accomplir et de s'accomplir. Cette situation mine et détruit l'estime et la confiance en soi, puisque les périodes de consommation ou de sujétion à l'autre ou à l'objet donnent tout le contrôle à la partie « enfant » de soi-même : comme l'oisillon qui n'a pas la maturité d'assumer son autonomie et sa survie, la personne dépendante se soumet alors à la partie d'elle-même la moins apte à la gouverner de façon responsable et dans le respect de ce qu'elle est. Si c'est là votre cas, vous sentez-vous « petit » et démuni ? Répondez sans faire appel aux justifications qui vous sont habituelles, en tenant compte de ce que vous ressentez avant comme après avoir consommé ou vous être laissé aller à succomber : songez à la panique de ne pouvoir tenir le coup sans cette béquille, à la peur de craquer devant les autres, à la culpabilité et au malaise, etc. Croyez-vous sincèrement que la situation s'améliorera d'elle-même ? Comment parvenez-vous à vous convaincre qu'elle ne se détériorera pas encore ? La difficulté de surmonter le problème de la dépendance est réelle et vous avez besoin d'aide : des services professionnels sauront vous amener à cibler les motifs de ce choix de vie qui est le vôtre depuis si longtemps et les moyens de vous reconstruire.

parents enfants

Les enfants sont dépendants de leurs parents au point que chaque mot prononcé a ses conséquences et peut laisser en eux des stigmates durables : même s'ils ne s'en souviennent pas consciemment, tout ce que vous donnez aux enfants s'imprime en eux, que ce soit constructif ou destructeur. La frustration des parents devant le fait que leur fils ou leur fille ne réponde pas à leurs attentes, ne performe pas bien à l'école, ne sache pas se contrôler, n'obéisse pas aux consignes, etc., les pousse parfois à réduire leurs comportements affectueux, les punissant ainsi de la plus cruelle manière. Comme la mère oiseau qui ne cesse de donner aux oisillons jusqu'à ce qu'ils atteignent un degré suffisant de maturité, l'éducation des enfants est pour ainsi dire un acte de foi : donnez, donnez, il en restera toujours quelque chose. Il revient aux parents de leur prodiguer la nourriture alimentaire, affective et intellectuelle dont ils ont besoin, même s'ils ne semblent pas l'absorber : c'est à très long terme que l'éducation donne ses fruits, car c'est en recevant de l'amour, du respect, de l'encadrement sain et une acceptation inconditionnelle de ce qu'ils sont que les enfants grandissent, acquièrent leur autonomie et deviennent à même de s'accomplir. Comment évalueriez-vous la nourriture que vous offrez à vos petits oisillons ?

64. Cent

64. Cent

Cibler et évaluer les conséquences des comportements mesquins.

1. Observation et analyse de l'illustration.

Les sous noirs valent un cent; de nos jours, cette valeur monétaire ne représente plus grand-chose, au point que l'on songe à les retirer de la circulation.

2. Interprétations à explorer.

Songez à la dernière fois que vous avez commis des actions «à une cenne», qui ne valaient pas très cher, comme lorsque vous avez dit à votre fille de cinq ans que vous ne l'amèneriez plus jamais au restaurant (elle sait très bien que c'est faux), que vous avez blessé sciemment la personne que vous aimez, bref, que vous avez prononcé une parole incohérente ou malheureuse que vous avez ensuite regrettée. La considération de ces actions dont on ne tire aucune fierté est un exercice fort peu plaisant, mais il entraîne habituellement un salutaire sentiment d'humilité qui nous aide par la suite à accepter les erreurs des autres. Pour ne pas répéter les mêmes bévues, il faut préalablement les avoir reconnues. Quelles sont les pires que vous ayez commises? Celles que vous regrettez le plus? Que faire pour éviter de revivre ce sentiment désagréable qui suit habituellement une mesquinerie? Pouvez-vous déceler quelque signe avant-coureur qui vous avertirait que vous êtes sur le point de laisser échapper une parole ou un geste déplacé?

En milieu de travail, la mesquinerie peut se traduire par des vols de peu d'importance (des outils de travail comme des crayons ou du papier; du matériel pharmaceutique en milieu hospitalier; quelques dollars subtilisés du tiroir-caisse dans un commerce; voler un peu de temps en allongeant ses pauses, etc.). Ces actes à un sou ne peuvent contribuer à nous enrichir: à chaque petit larcin, au contraire, notre estime de nous-mêmes diminue tandis que chaque fois que nous résistons, nous gagnons en richesse du cœur et la tranquillité d'esprit de celui qui n'a rien à se reprocher. Quelles sont les actions à un sou que vous avez commises au travail? Pouvez-vous pressentir le moment où elles se produiront? Quel type d'événements peut provoquer votre envie de faire quelque chose de mesquin? Quels sentiments réels résultent de ces actes?

65. Fête

65. Fête

Réaliser l'importance, pour soi-même comme pour la vie à deux, de planifier et d'organiser des fêtes qui divertissent vraiment l'esprit du cours ordinaire des choses.

1. Observation et analyse de l'illustration.

Ces accessoires de fête illustrent simplement qu'il faut savoir s'accorder du temps pour s'amuser et se divertir.

2. Interprétations à explorer.

maîtrise de soi

Il est important de savoir « décrocher » ponctuellement pour s'amuser franchement et sans arrière-pensée. Les gens qui restent coincés dans leurs responsabilités, qui ne font que travailler et prennent tous les aspects de la vie terriblement au sérieux finissent par dépérir ; il faut faire, évidemment, ce que l'on a à faire, mais c'est également un devoir envers soi-même que de s'aérer les esprits et d'alléger le poids des choses par des moments de fête, sans attendre que les autres les provoquent ou qu'ils se présentent d'eux-mêmes. Les fêtes doivent être riches et spéciales : certains, qui en ont les moyens, planifieront des événements de grande envergure, en partant découvrir de nouvelles cultures au cours d'un grand voyage ; d'autres, dont les moyens financiers et le temps disponible sont plus réduits, pourront décider de rendre la prochaine fin de semaine particulière et originale, en jouant par exemple à dormir sur le divan-lit du salon, en prenant les petits déjeuners au lit, en s'octroyant le luxe de faire les choses différemment. La décision consciente d'introduire le jeu et le plaisir dans sa vie a pour effet immédiat de rendre celle-ci perméable à la nouveauté et de désincruster la routine. Demandez-vous d'abord si vous estimez subir une « vie plate », dans laquelle se répètent toujours les mêmes événements, dans le même ordre. Êtes-vous disposé spontanément à faire la fête lorsque vous connaissez une réussite, qu'elle soit ou non extraordinaire (vous êtes par exemple parvenu à maîtriser votre colère et à rester calme avec votre adolescent) ? Quels sont vos prétextes pour célébrer ? Investissez-vous de l'argent (si cela vous est possible), mais surtout du temps et de l'imagination pour créer des projets de fête à réaliser seul, à deux, en famille ou entre amis ? Si vous en concoctiez un maintenant, quel serait-il ? Il pourrait s'avérer fructueux de planifier votre fête, peut-être même un an à l'avance : il s'agit là d'une façon de se maintenir dans un état de créativité et de bonheur, tout d'abord anticipé, puis concrètement vécu, tout en s'accordant, pendant toutes ces semaines où l'on planifie son projet, le plaisir de penser à une plage de temps où l'on pourra se ressourcer et recharger ses batteries.

couple

En regardant ces illustrations, vous vient-il à l'esprit quelques souvenirs de bons moments que vous avez vécus à deux, où vous avez participé à une fête ou, encore, où vous vous êtes mutuellement fêtés ? Retrouvez les sensations, les images, les émotions associées plus particulièrement à l'un de ces événements : ressentez-vous le pouvoir des moments intenses et intensément partagés ? Les problèmes mineurs et les petits différends ne reculent-ils pas alors à l'arrière-plan ? Si vous désirez que votre couple maintienne sa légèreté d'être et se libère du poids du quotidien, il faut vous accorder la faveur de faire la fête de temps en temps, quelle que soit son ampleur : les blagues et le badinage peuvent être autant de petits feux d'artifice de la vie ordinaire ; l'anniversaire de la rencontre, que l'on planifie et organise à l'avance, peut requérir tous les accessoires de fête pendant une fin de semaine. L'important est de cultiver ce sentiment qui vous habitait dans les fêtes perpétuelles des premiers temps : plus vous favorisez l'apparition de moments qui libèrent en vous ces émotions festives, plus vous créez et accumulez de ces souvenirs qui construisent l'avenir. Les souvenirs contiennent plus que des mots : ils évoquent tout à la fois des émotions, des sensations, des images et continuent de nous habiter et de nourrir notre attachement l'un pour l'autre. Quel sera votre prochain projet de fête amoureuse ?

66. Vase commun

66. Vase commun

Analyser la valeur de sa contribution personnelle au climat général, au travail ou en famille, et acquérir des stratégies pour atténuer l'impact des apports négatifs.

1. Observation et analyse de l'illustration.

Sur l'illustration, les contenus des verres sont susceptibles d'être versés dans le vase vide où toutes les substances, pures ou néfastes, se mélangeront. En famille, dans le milieu de travail et même en soi-même, toutes les influences individuellement identifiables forment parfois une entité distincte lorsqu'elles s'additionnent les unes aux autres. Selon la qualité initiale de chacune, le résultat s'avérera plus ou moins tonique ou toxique.

2. Interprétations à explorer.

Dans l'environnement du travail, il nous arrive fréquemment de nous plaindre que le vase commun soit pollué et difficile à absorber ; on tend généralement à ne considérer que le résultat final, sans tenir compte du fait que celui-ci n'est que la somme des parties qui le constituent et que celle-là ne peut être différente de ce que chaque partie y a apporté. Individuellement, le seul moyen d'agir dont nous disposons consiste à prendre la responsabilité d'y verser des éléments sains et constructifs plutôt que d'analyser constamment la qualité des apports des autres ; par ailleurs, si votre réflexe le plus naturel est de détecter la saleté et la toxicité des verres des autres, c'est peut-être que vous reconnaissez spontanément ce que vous apportez vous-même à l'espace collectif… Que contient votre verre ? Qu'apportez-vous quotidiennement au vase commun du travail ? Revoyez les dernières semaines en tentant de dégager votre attitude générale : en début de journée, saluez-vous les gens chaleureusement ? Demeurez-vous en retrait sans parler à personne ? Si vous recevez une remarque que vous estimez désobligeante, comment y réagissez-vous ? Êtes-vous capable de la replacer en contexte, d'y voir une impatience, une saute d'humeur, une maladresse de la part de votre collègue ? Savez-vous comment vous ressourcer lorsque l'atmosphère vous semble lourde ? Comment contribuez-vous à alléger votre environnement, à le rendre plus sain, plus chaleureux ?

Les enfants ne possèdent pas encore tous les outils pour bien gérer leurs émotions, administrer leur argent, utiliser leur temps efficacement, intervenir habilement auprès des autres : inévitablement, ils apportent dans le vase familial des éléments perturbateurs et négatifs. Le rôle du parent consiste donc non seulement à verser de saines contributions dans le vase commun, mais également à filtrer les contenus des enfants (et même de l'autre parent !) : par exemple, lorsqu'un membre de la famille laisse échapper des paroles malheureuses, il s'agit de récupérer rapidement leur effet négatif en expliquant pourquoi elles ont été prononcées et en veillant à ce que le mal qui a été fait soit réparé. Il s'agit là d'une fonction extrêmement exigeante, qui a pour but d'assurer que l'atmosphère générale de la maison demeure accueillante et chaleureuse. Comment jouez-vous ce rôle de modérateur ? Laissez-vous agir la contamination, alors que chaque élément malsain versé au vase familial entraîne infailliblement en réaction une série d'éléments négatifs ? À quel moment vous est-il plus difficile d'agir comme filtre purificateur ? Pourquoi ne pas prévoir dès maintenant un moment, avec tous les membres de la famille, pour mettre au point un langage commun (celui de la métaphore ou un autre) qui vous permettra d'évoquer un problème sans avoir à vous expliquer longuement la prochaine fois que vous aurez besoin qu'ils y mettent du leur pour préserver l'ambiance familiale ? Vous aurez ainsi l'occasion de comprendre comment chacun voit sa contribution à la vie de famille et quelles sont ses attentes à l'égard des autres. En outre, lorsque viendra le moment d'utiliser ce langage dans le feu de l'action, vous pourrez apprécier sa fonction modératrice : riposter à une attaque en répliquant simplement « Ce que tu as dans ton verre est mauvais » brise l'élan de la surenchère qui, habituellement, fait changer une situation bénigne en guerre ouverte. Chacun devient plus conscient des conséquences de ses actes sur l'entité familiale, plus responsable de la valeur de sa contribution, et prend également l'habitude de préserver l'entente générale.

67. Routes

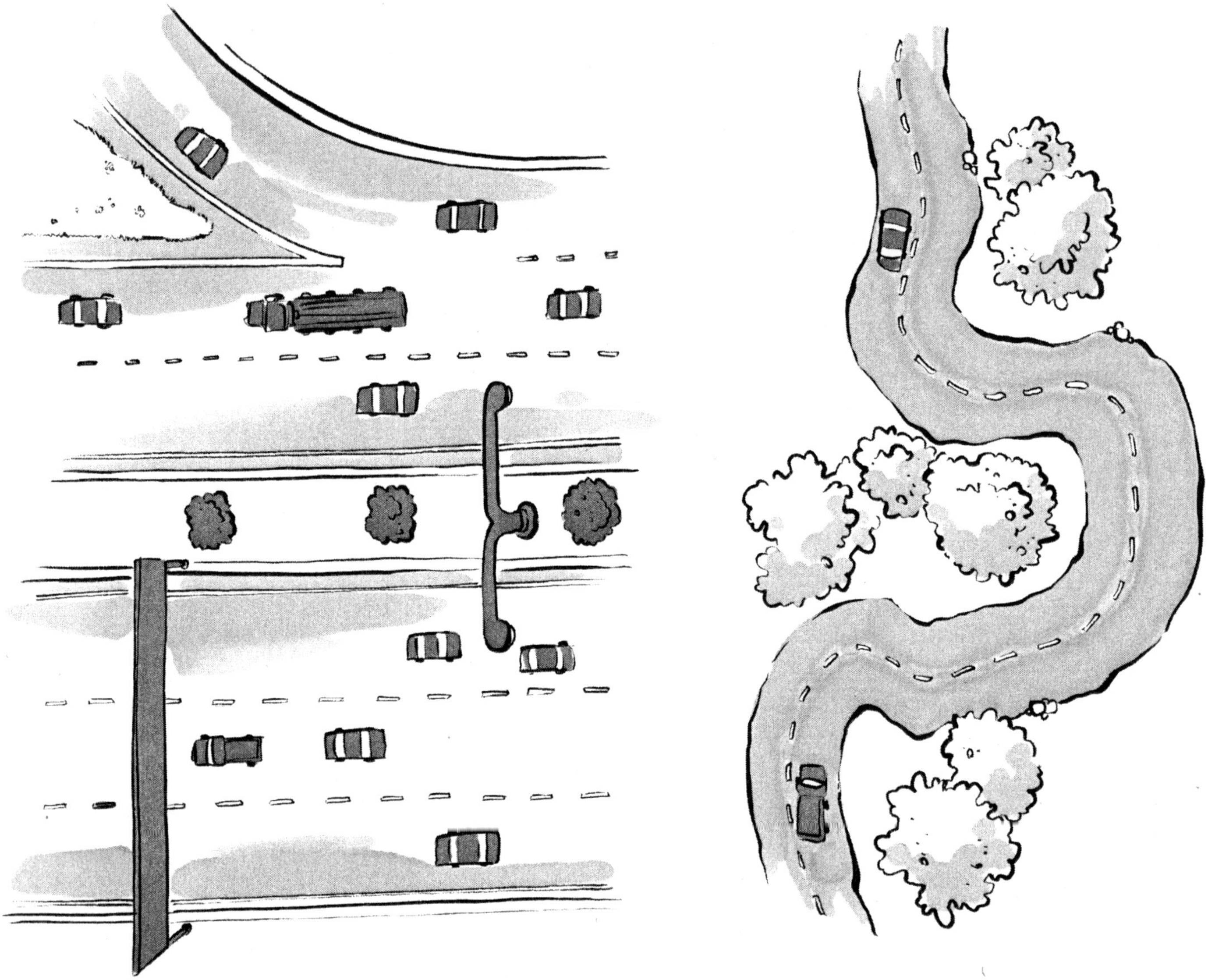

67. Routes

Cibler les stratégies d'expression des messages et évaluer leurs performances respectives.

1. Observation et analyse de l'illustration.

Les autoroutes à double voie ont introduit beaucoup plus de sécurité dans notre façon de circuler en automobile, réduisant le nombre d'accidents tout en augmentant la rapidité des transports; elles constituent une nette amélioration par rapport aux routes plus étroites à une seule voie, où l'on croise les voitures qui viennent en sens inverse, qui sont souvent sinueuses et mal éclairées.

2. Interprétations à explorer.

Il existe au moins deux façons de se rendre à bon port dans nos relations avec les autres: emprunter les voies les plus directes et les plus dégagées, ou les routes sinueuses qui obligent souvent à de longs détours et où l'on risque de connaître quelque accident. Par exemple, lors d'une visite tardive et malvenue d'un ami un soir où vous êtes fatigué de votre journée, vous pouvez lui dire clairement que vous êtes franchement désolé mais que vous n'êtes pas disponible et qu'il vaudrait mieux remettre votre rencontre à un moment ultérieur. Vous pouvez par ailleurs lui signifier de façon détournée que vous voulez qu'il parte, mais cette méthode a pour effet de faire augmenter le risque d'accidents: votre ami ne comprendra rien au message que vous voulez lui transmettre (se présenter chez les gens à des heures tardives est habituellement le fait de personnes peu empathiques qui seront insensibles à la subtilité de vos messages); son entêtement à ne pas le saisir vous énervera et vous deviendrez graduellement plus distant, plus froid, et irez peut-être jusqu'à le mettre sans trop de ménagement à la porte — ce qui laisse fatalement des séquelles sur la qualité d'une relation. Les couples possèdent généralement tout un réseau de voies secondaires et détournées, notamment lorsque vient le moment de formuler clairement ce que l'on désire ou ce que l'on n'aime pas du comportement de l'autre, qu'il s'agisse de sa façon de toucher ou des mots qu'il utilise: dites-vous bien que la délicatesse et le respect de l'autre ne vous obligent pas à faire des détours de 60 kilomètres lorsqu'il est possible de faire le trajet en moins de 10.

Quelles sont les voies que vous empruntez plus facilement, les autoroutes ou les routes de campagne? Pourquoi? Savez-vous comment vous engager sur l'autoroute dans vos relations avec les autres? Vous l'a-t-on appris ou le découvrez-vous par vous-même? En vous restreignant aux routes secondaires, combien d'incidents ou d'accidents rencontrez-vous (ou provoquez-vous), qui pourraient être évités sur l'autoroute? En analysant vos modèles d'interaction avec trois personnes significatives qui sont importantes pour vous, diriez-vous que vous circulez sur l'autoroute ou sur les voies secondaires? Qu'est-ce qui vous apparaît confortable dans cette façon de faire? Reprenez des expériences de longs détours qui vous ont coûté du temps et de l'énergie et reformulez votre message sous forme d'autoroute: si vous n'êtes pas familier avec la signalisation ou les repères des voies rapides, vous pouvez aller chercher plus d'information par des lectures (comme *S'affirmer et communiquer* de Jean-Marie Boisvert et Madeleine Beaudry) ou en consultant un professionnel qui pourra vous aider à obtenir votre permis de conduire communicationnel.

68. Souplesse

68. Souplesse

Évaluer la rigidité ou la souplesse des comportements parentaux ou professionnels. Trouver des moyens de maintenir une plus grande flexibilité.

1. Observation et analyse de l'illustration.

La souplesse et la flexibilité des gymnastes suscitent toujours l'étonnement et l'admiration : le nombre incalculable d'heures à répéter les mêmes mouvements donne cet effet d'élégance, de fluidité et d'aisance à des gestes qui n'ont pourtant rien de naturel. Nous aussi pouvons développer cette flexibilité dans nos comportements et réactions.

2. Interprétations à explorer.

parents enfants

Parmi les exercices qui mettent à l'épreuve notre flexibilité, le fait d'être parent constitue sans nul doute l'un des plus exigeants : certains y voient l'occasion de renforcer leur rigidité et se font un point d'honneur de toujours tout contrôler, soit à cause de l'éducation qu'ils ont reçue, soit pour maintenir l'image familiale qu'ils veulent projeter aux autres. Un enfant qui vient au monde a besoin de 100 % du contrôle de ses parents, mais il faut parvenir, lorsqu'il atteint ses 18 ans, à ne plus en exercer aucun : pour que le sens des responsabilités et l'autonomie du jeune puissent être aptes à prendre la relève au cours de l'adolescence, il faut avoir délégué ses pouvoirs de parent, abandonnant le régime monarchique pour une démocratie qui fasse place à la négociation. C'est précisément là où la souplesse et la flexibilité sont requises, car il faut abandonner l'idée que l'adolescent exécutera toute chose comme nous aurions voulu qu'il le fasse et accepter à l'avance qu'il commette des erreurs ; plutôt que de s'opposer constamment à son enfant et de s'épuiser dans cette confrontation, le parent qui exerce sa souplesse obtiendra en prime une appréciable diminution de la dépense d'énergie exigée par sa volonté de contrôle. Évidemment, avec un adolescent rébarbatif, voire délinquant, il est primordial de fixer des limites fermes et de faire respecter les conditions des ententes conclues ; toutefois, comme en gymnastique où la maîtrise des figures imposées doit s'accompagner d'une certaine flexibilité, l'application des règles peut laisser place à l'autonomie de l'adolescent en lui donnant la chance de reconquérir votre confiance en lui. Êtes-vous gymnaste des relations parent-enfant, en sachant allier souplesse et finesse d'exécution ? Considérez-vous que cette souplesse implique d'être capable d'apprendre des autres, de lire et de chercher des réponses, de vous adapter au style personnel de votre enfant ? Auriez-vous besoin de vous exercer à quelques routines supplémentaires ?

travail

La souplesse et la polyvalence apparaissent plus que jamais comme les qualités maîtresses des travailleurs et professionnels d'aujourd'hui : il faut désormais savoir s'adapter à des techniques, à des tâches, mais encore à des collègues, à des supérieurs ou à des employés différents. La souplesse au travail entraîne et exerce au jour le jour notre faculté à répondre à de nouveaux défis, et nous maintient en meilleure santé psychologique ; au contraire, la rigidité implique que l'on se sent rapidement dépassé par les événements, les technologies et les façons de faire. Avec les années, le poids du cerveau diminue : on a cru longtemps que ce phénomène résultait d'une déperdition graduelle des neurones, mais on sait maintenant que ce sont les circuits inutilisés du cerveau qui s'atrophient et disparaissent avec le temps. Le cerveau des personnes qui demeurent intellectuellement actives perd moins de poids que celui des personnes qui interrompent la stimulation de leurs facultés. Ainsi, sur le plan de l'esprit comme sur celui du corps, l'exercice maintient la souplesse et l'aisance : dans le domaine professionnel, cet exercice se traduit par exemple par une volonté constante d'apprendre et de perfectionner les savoirs que l'on possède. Comment évaluez-vous votre degré de flexibilité sur le plan technique de votre travail ? Savez-vous exercer une souplesse qui vous permet de réagir adéquatement tout en étant parfaitement à l'aise dans votre corps ? Demeurez-vous plutôt enfoncé dans une relative rigidité, alors que la raideur de vos membres vous cause des foulures musculaires dès que vous faites un mouvement inusité ? Pourriez-vous cibler et détailler deux routines de souplesse à exercer dans votre milieu de travail au cours des prochaines semaines ?

69. Cordes

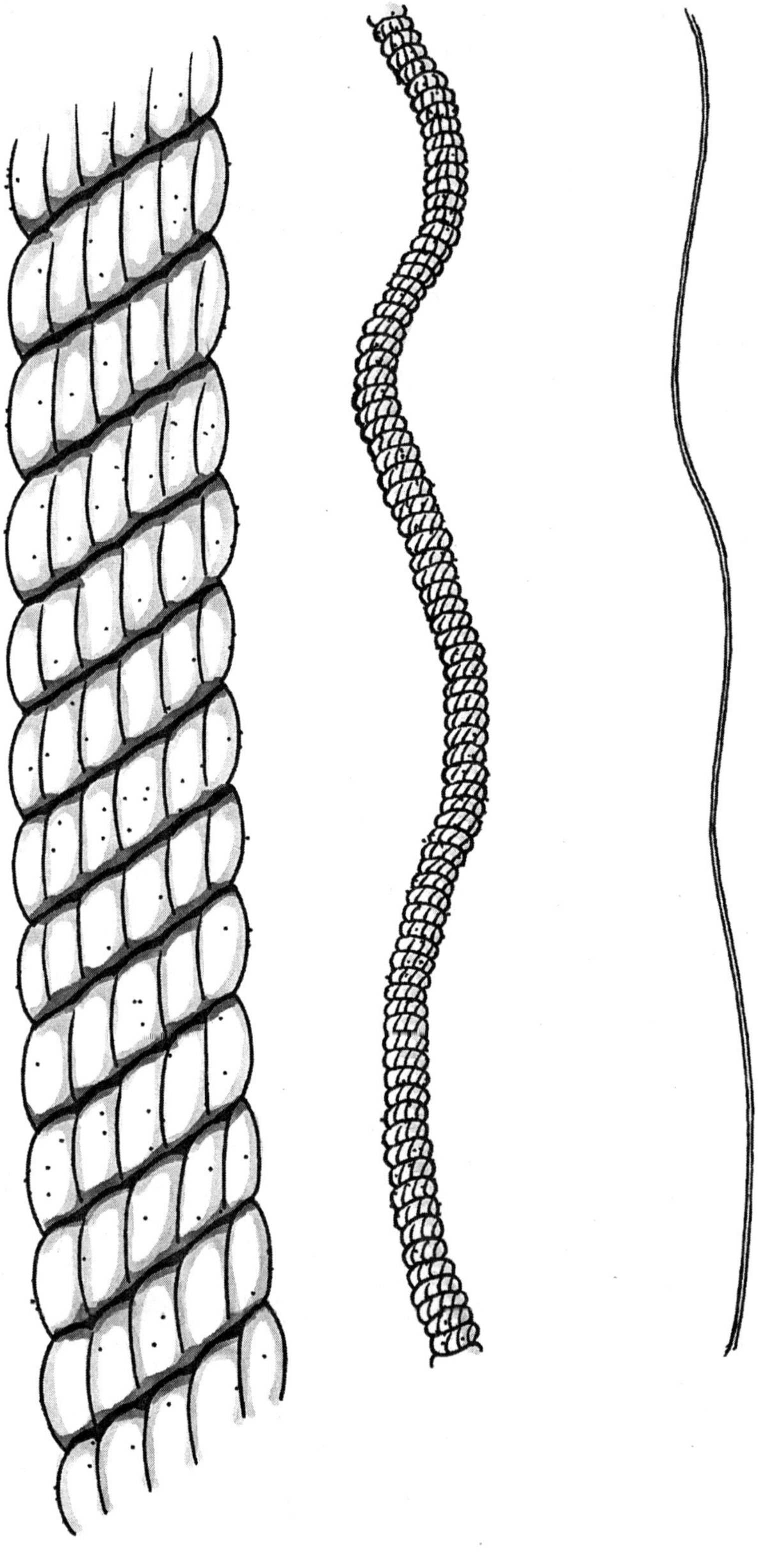

69. Cordes

Évaluer la nature et la qualité des liens et des amarres de notre vie.

1. Observation et analyse de l'illustration.

De même que l'on utilise différents types de cordage (fil, corde ou amarre) selon leur robustesse pour nouer ou retenir divers objets, différents attachements nous relient plus ou moins étroitement aux personnes que nous aimons, aux principes et aux valeurs que nous défendons ou à certains biens qui nous tiennent à cœur.

2. Interprétations à explorer.

Selon Daniel Goleman, la confiance, la fidélité et l'attachement d'un travailleur salarié envers l'entreprise qui l'engage sont proportionnels à la qualité de la reconnaissance qu'elle lui accorde : c'est la façon dont elle le traite qui fait de lui un bon « citoyen d'entreprise »[1]. À moyen et à long termes, pour un employeur, les coûts apparemment plus élevés d'un bon traitement sont ainsi absorbés par la solidité du lien qui unit les travailleurs à leur entreprise : ils ne déserteront pas aux moments difficiles et donneront le coup de barre qu'il faut pour redresser le navire à condition qu'ils se sentent partie intégrante — et respectée — de l'équipage.

De quelle nature est le lien qui vous relie à votre travail actuel ? Vous passionne-t-il au point de représenter une amarre dans votre vie, en vous procurant le sentiment d'être là où vous devez être, en vous donnant envie d'y être impliqué complètement ? Le considérez-vous comme un emploi temporaire, en attendant mieux ? En ce cas, il serait fort étonnant que vous parveniez à donner le meilleur de vous-même et à produire autant que vous en avez la capacité : Pourquoi vous contentez-vous d'un fil ténu ? Si vous n'avez qu'une piètre considération pour ce travail que vous estimez provisoire, comment pourrait-il vous permettre d'ancrer votre estime de vous-même et votre confiance en vous ? Dans quel domaine estimeriez-vous connaître ce sentiment d'amarrage ? Compte tenu de l'importance et de l'espace qu'occupe le travail dans une vie, il peut parfois s'avérer bénéfique de réévaluer son choix de carrière ; dans le cas contraire, il vous arrive fort probablement de vous remettre totalement en question chaque fois que votre fil casse, que vous changiez effectivement d'emploi ou que vous soyez périodiquement submergé par une intense frustration, parce que vous ne faites pas ce que vous voulez faire, parce que votre travail vous étouffe ou vous assomme, parce qu'il vous empêche d'être vous-même, etc.

Évidemment, la qualité du lien au travail se construit par le respect de ses engagements, l'assiduité et la constance, la satisfaction du devoir accompli : Les ennuis personnels qui viennent interférer avec votre concentration menacent-ils votre position actuelle ? Votre milieu de travail semble-t-il vous lâcher en ce moment ? Croyez-vous que votre employeur a raison de craindre que votre attachement au travail ne se rompe bientôt ? Que pourriez-vous faire pour rétablir l'estime et la reconnaissance que vos collègues et votre employeur plaçaient en vous ?

À quel type de corde correspond votre attachement à la personne avec laquelle vous vivez ? De nos jours, il semble bien que la majorité des couples se contentent de fils ou de minces cordes, ce qui se traduit par un taux de divorces élevé. Toutefois, ce qui renforce la nature du lien qui nous unit à quelqu'un, c'est ce qu'on y investit soi-même — et c'est pourquoi le lien des parents aux enfants est si fort. Il faut être présent auprès de l'autre, multiplier les petites attentions qui lui font plaisir et lui rappellent à quel point son bien-être vous préoccupe, respecter son rythme et son tempérament. Que pourriez-vous faire pour renforcer votre amarre amoureuse ?

[1] 1999, p. 148.

Votre corde a-t-elle rompu plusieurs fois? Y a-t-il des nœuds qui en ont affaibli la tension ou en ont raccourci la longueur? Ces nœuds vous ont-ils personnellement retranché une certaine dose de liberté, vous ont-ils éloigné de ce que vous vouliez faire de votre vie? Comment croyez-vous que deux personnes qui ne se permettent pas de s'épanouir individuellement peuvent parvenir à s'épanouir ensemble? Si l'un atteint 5 sur 10 sur le plan de l'autonomie et de l'accomplissement de soi, que l'autre connaît pour sa part un 4, il n'en résulte pas un fort 9 sur 10 pour le couple, mais bien 4,5: c'est le respect des valeurs profondes et des aspirations de l'un et de l'autre qui assure la stabilité et la force du lien qui unit les partenaires d'un couple, et non pas le renoncement de l'un et de l'autre sacrifiant leurs rêves respectifs sur l'autel commun de la vie à deux.

Je te souhaite du temps

Prends le temps de penser,
c'est la source du pouvoir.

Prends le temps de jouer,
c'est le secret de la jeunesse.

Prends le temps de lire,
c'est la source du savoir.

Prends le temps d'aimer et d'être aimé,
c'est un véritable cadeau.

Prends le temps de te faire des amis,
c'est la voie du bonheur.

Prends le temps de rire,
c'est la musique de l'âme.

Prends le temps de donner,
c'est le rôle de l'adulte.

Prends le temps de travailler,
c'est le prix du succès.

Prends le temps de t'écouter,
c'est la voie de la paix.

Anonyme

70. Balles de tennis

70. Balles de tennis

Évaluer les coûts et les conséquences des réactions utilisées en situation de surcharge de travail ou de responsabilités.

1. Observation et analyse de l'illustration.

Ce type d'appareil qui lance des balles de tennis comporte habituellement un mécanisme qui permet de régler la fréquence des lancers. Lorsque, pour une raison ou une autre, ce mécanisme est mal ajusté à la capacité de la personne qui reçoit, celle-ci risque d'être dépassée par la situation au point de capituler ; si elle sait au contraire demeurer en contrôle d'elle-même, elle parviendra à frapper quelques balles — celles qui passent à sa portée.

2. Interprétations à explorer.

travail

Vous arrive-t-il de vous sentir totalement dépassé par les exigences de l'extérieur et de savoir qu'il vous est parfaitement impossible de répondre à chacune d'elles ? Tentez-vous tout de même d'attraper toutes les balles qui vous sont lancées, en risquant de bâcler chacun de vos travaux ou de vous décourager et de tout abandonner ? Demeurez-vous plutôt en pleine maîtrise de vous-même, évaluant objectivement que personne ne peut humainement remplir l'ensemble des tâches qui vous incombent et priorisant celles que vous pouvez effectivement accomplir ? Comment opérez-vous votre classement : réglez-vous d'abord les premières qui se présentent, celles qui émanent des personnes les plus influentes de votre milieu ? Y aurait-il d'autres façons de faire qui allégeraient ces journées où la machine à lancer du travail vous bombarde ? Comment réduire les coûts en énergie de ces journées ? Pourriez-vous répartir le travail entre plusieurs personnes en déléguant certaines portions de vos responsabilités ? Dans ce cas, êtes-vous capable d'accepter que le travail ne soit pas accompli exactement comme vous l'auriez fait ?

maîtrise de soi

À la suite d'événements plus difficiles (décès, incendie, manque d'argent, problèmes chez les enfants), on se sent rapidement débordé : Comment réagissez-vous dans ces situations ? Combien cette façon de faire vous coûte-t-elle d'énergie ? Comment pouvez-vous mieux prioriser les tâches à accomplir ? Pouvez-vous obtenir de l'aide de votre partenaire en amour, d'un ami ou d'un parent et lui déléguer certaines de vos responsabilités ? Pourquoi ne pas faire appel à une aide professionnelle (thérapeute, intervenant d'un CLSC, etc.) qui, étant tout à fait extérieure à la situation, saura peut-être vous convaincre de *vous* compter au nombre de vos priorités ?

71. Triangle de Kaniza

71. Triangle de Kaniza

Comprendre les mécanismes réflexes qui déterminent notre façon d'appréhender et d'interpréter la réalité. Cibler des stratégies pour reconditionner ces réflexes d'une façon constructive.

1. Observation et analyse de l'illustration.

Notre cerveau a naturellement tendance à créer un sens, même là où, apparemment, il n'y en a pas ou lorsque certaines informations ne nous sont pas accessibles: par exemple, dans l'observation de cette illustration, il complète les éléments manquants pour former l'image d'un triangle blanc; de la même manière, dans la vie courante, nous échafaudons des interprétations pour nous expliquer les raisons d'être de telle situation ou de tel comportement. Il importe de déceler le mécanisme par lequel nous apportons des modifications aux événements afin de créer une signification qui semble cohérente: d'une part, nous évitons ainsi d'y être pris au piège et, d'autre part, nous pouvons mieux contrôler et diriger ce processus.

2. Interprétations à explorer.

maîtrise de soi

Les personnes qui éprouvent de l'anxiété ou de l'insécurité tendent à compléter les informations manquantes par des données le plus souvent négatives. Elles en arrivent à formuler des conclusions du genre: « Si un tel n'a pas répondu à mon sourire, c'est parce qu'il m'en veut: j'ai dû faire quelque chose qui lui a déplu »; « Si je n'ai pas encore reçu mes résultats d'examens médicaux, c'est parce que le médecin croit que j'ai le cancer et qu'il fait faire des analyses plus poussées »; « Cette nouvelle épreuve au travail va prouver mon incompétence aux yeux de tout le monde: je n'y arriverai jamais, je n'ai pas ce qu'il faut pour relever ce défi ». De la même façon que votre cerveau a complété, dans l'illustration, les formes blanches (et non les noires) pour arriver à obtenir une image cohérente, il est possible de vous exercer à combler les informations manquantes par des éléments positifs et de développer en vous une voix qui vous réconforte et vous soutient, qui se substitue en fait à l'emprise de la voix négative que vous avez adoptée au cours de votre cheminement. Il existe plusieurs façons d'ancrer en vous cette voix positive et constructive.

Un exercice performant, à ce titre, est d'imaginer, au moment même et chaque fois que vous vivez une expérience difficile (rebuffade, échec, déception) et que votre partie anxieuse se manifeste, qu'une autre partie de vous-même sourit, d'un sourire audacieux et curieux comme celui de l'enfant qui veut partir à la découverte du monde. Cette détermination et cette curiosité vous apporteront une confiance profonde, dans la mesure où vous acceptez à l'avance que les événements se produisent au meilleur moment, qu'ils se déroulent de la façon dont ils doivent se dérouler et que vous en retirerez nécessairement une occasion de grandir et d'évoluer. Plus vous accordez d'attention à cette partie souriante de vous-même, plus vous l'exercez et lui permettez de s'ancrer profondément, plus vous développez sa résistance et sa puissance: à terme, elle deviendra plus forte et plus présente que la partie anxieuse qui vous guide actuellement. Afin de favoriser le développement de cette part confiante de votre personnalité, n'hésitez pas à vous donner un ancrage visuel pour vous rappeler fréquemment sa présence: ce peut être une image qui représente pour vous la confiance en la vie, dont vous faites des copies que vous gardez à la vue, dans votre portefeuille, sur le réfrigérateur, dans votre voiture, dans votre espace de travail au bureau, etc. L'être humain ne change pas facilement: pour opérer un changement véritable et important, il faut donc y consacrer du temps, de l'énergie et de nombreux efforts, de la façon la plus sérieuse qui soit: à ce prix, vous serez surpris de l'importance des transformations que vous pouvez effectuer sur vous-même.

72. Vidéocassettes

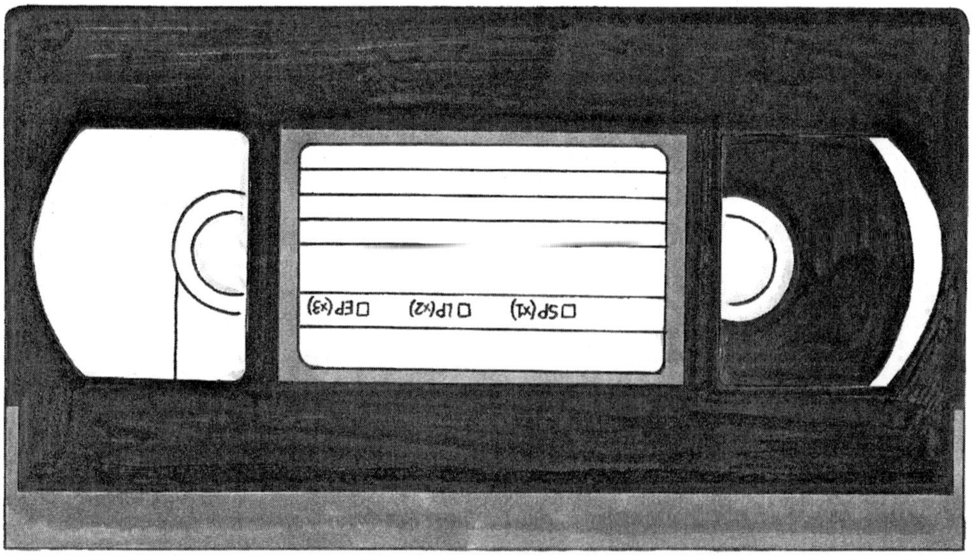

72. Vidéocassettes

Utiliser les ressources positives des souvenirs heureux et neutraliser l'effet pernicieux des événements difficiles. Planifier et organiser l'avenir en programmant à l'avance le rôle joué par les qualités et les forces dont nous disposons dans différents domaines de notre vie.

1. Observation et analyse de l'illustration.

De la même manière que les vidéocassettes enregistrent des émissions télévisées ou des films, notre mémoire enregistre des séquences de vie : certaines de nos cassettes-souvenirs sont intéressantes, d'autres plus difficiles à visionner car elles comportent des scènes émotivement chargées ; d'autres demeurent encore vierges et se tiennent en réserve pour inscrire ce que nous vivrons au cours des prochaines années.

2. Interprétations à explorer.

maîtrise de soi

En lisant cette analogie des cassettes-souvenirs, certaines images vous sont peut-être venues à l'esprit : faites d'abord un inventaire de celles qui comportent des scènes difficiles, en les identifiant par un titre évocateur. Afin de vous permettre de prendre une distance avec ces séquences de vie qui vous blessent encore, imaginez que vous les transférez sur de véritables vidéocassettes. Conférez concrètement cette fonction de transfert à de vieilles cassettes que vous n'utiliserez jamais plus dans votre magnétoscope et que vous conserverez dans un tiroir (plutôt que de garder ces images en vous). Ensuite, portez votre attention sur les cassettes sur lesquelles sont enregistrés de bons moments où vous utilisiez le meilleur de vous-même : quelles étaient vos émotions, vos sensations, vos forces en ces périodes heureuses ? Isolez-les de façon à vous les réapproprier et à en faire un montage sur une cassette vierge, afin de pouvoir réutiliser et réactiver ces passages à volonté, lorsque vous en sentez le besoin : ces façons de faire, de dire et d'être vous appartiennent en propre et elles peuvent réellement vous aider à mieux vivre. Quant aux cassettes vierges dont vous disposez, considérez que vous en êtes l'acteur principal, le metteur en scène, le scénariste, le réalisateur et le cadreur : c'est à vous que revient le privilège de décider ce que vous allez y enregistrer ; bien sûr, la vie vous présente les données incontournables de vos scénarios, mais vous seul décidez de l'histoire à écrire et des angles de caméra. En songeant par exemple au film de la prochaine année, que voudriez-vous ajouter ou retrancher de celui de l'année précédente pour obtenir des résultats plus satisfaisants ? Comment pourriez-vous vous adapter de façon plus adéquate et fluide à ce que vous vivez présentement et réaliser un film que vous prendrez plaisir à revoir ? La personne qui sait répondre aux questions « Qui suis-je ? Où vais-je ? Qu'est-ce que je veux ? » connaît une détermination tranquille qui lui procure un sentiment profond d'assurance et de solidité. Rien ne sert de s'éparpiller de tous côtés en cherchant des méthodes miracles pour se découvrir ou obtenir des réponses définitives sur soi-même : en faisant l'inventaire de vos cassettes-souvenirs, en sélectionnant les passages avec lesquels vous voulez construire votre avenir et en planifiant la réalisation de vos prochaines années, vous avez entre les mains tous les éléments pour prendre le contrôle de votre vie et de votre devenir.

divers

Vous pouvez par ailleurs vous livrer au même exercice, mais en visionnant cette fois des extraits de tous les aspects de votre vie : professionnel, financier, amoureux, affectif, social, etc. Pour chacun d'eux, quels ont été les meilleurs moments ? Quelle était votre attitude dans ces périodes ? Sur quelle qualité ou sur laquelle de vos forces vous appuyiez-vous en ces circonstances ? Constituez un montage que vous pourrez rejouer en tout temps, en rappelant ponctuellement ces parties de vous-même qui demeurent toujours là (mais que vous avez peut-être mises en latence). Avec les mauvais moments, dont vous pouvez tirer les leçons, procédez comme précédemment à une mise à distance par transfert afin de vous libérer l'esprit de leur poids. Planifiez enfin vos prochaines réalisations, en intitulant vos cassettes par des formules qui résument et condensent les objectifs que vous voulez atteindre dans les prochaines années.

73. Douche

73. Douche

Établir une bonne hygiène des comportements parentaux. Reconnaître l'importance de la dimension érotique de la vie à deux et élaborer ensemble des moyens de garder le désir en éveil.

1. Observation et analyse de l'illustration.

Qui ne prend pas soin de se laver régulièrement dégage rapidement des odeurs qui incommodent les autres et causent leur éloignement; une partie de la confiance en soi et de l'estime que l'on se porte résulte d'ailleurs de la façon dont on entretient sa personne. Au contraire, qui ne peut s'empêcher de se laver trop fréquemment développe une compulsion témoignant d'une estime de soi tout aussi malsaine. Une hygiène corporelle adéquate repose donc sur une attention suffisante à son propre corps, qui ne soit ni négligence ni complaisance.

2. Interprétations à explorer.

Plusieurs parents sont consternés et se sentent coupables du fait que ceux qu'ils aiment le plus au monde, leurs enfants, sont également ceux qui subissent le plus fréquemment leurs sautes d'humeur et leurs impatiences. En partant du principe que les parents ne sont pas parfaits et commettent beaucoup d'erreurs, il est alors possible de nettoyer régulièrement son «corps parental», en cessant de nourrir sa culpabilité, ses objectifs irréalistes de perfection et ses hantises sur les séquelles qu'on laissera à l'enfant. Remettre au net les sentiments issus de vos erreurs évite ainsi d'alourdir encore la situation, de miner votre confiance en vous, d'entraver vos responsabilités d'éducateur et d'affecter vos relations avec vos enfants. Avez-vous une certaine facilité à vous laver de vos erreurs de parent? Le faites-vous régulièrement? Le faites-vous trop souvent, en minimisant l'impact des erreurs que vous commettez, en vous disant que vous n'avez pas été mieux traité dans votre enfance et qu'il faut endurcir votre fils ou votre fille aux réalités de la vie? Le refus d'assumer les responsabilités de vos actes enseigne à votre enfant qu'une erreur est sans conséquence et que, de toute façon, il se trouve toujours quelqu'un d'autre sur qui reporter la faute. Quelle attitude parentale vous semblerait plus «hygiénique»? Que croyez-vous que vos enfants auront retenu, dans une vingtaine d'années, de votre salubrité parentale: reconnaîtront-ils que vous vous laviez régulièrement de vos imperfections et étiez capable d'avancer avec une relative confiance en vous comme en eux? Diront-ils que vous sentiez la culpabilité et le remords, que vous aviez toujours peur de mal faire, de blesser, de marquer, et que vous dégagiez un profond sentiment d'incompétence et d'insécurité? Auront-ils le souvenir de parents compulsivement nettoyés, qui ne font jamais d'erreur et ont toujours raison même lorsqu'ils sont incohérents? Voulez-vous vraiment attendre vingt ans pour obtenir la réponse à cette question? Que pourriez-vous faire maintenant pour laisser à vos enfants des souvenirs agréables, constructifs et enrichissants des années qu'ils auront vécues auprès de vous?

Pour avoir écrit un livre sur les relations sexuelles dans le couple, je sais que certaines personnes sont mal à l'aise devant ce sujet; or, la dimension sexuelle fait partie de la vie et joue un rôle crucial dans la durée de la vie à deux, même lorsqu'on l'ignore et que l'on refuse de reconnaître son importance. Je mentionne dans cet ouvrage que lorsque survient un problème d'ordre sexuel dans le couple, lorsque la fréquence et l'intensité des relations diminuent, chacun s'interroge et finit par se convaincre que l'absence du désir indique la fin de l'amour. Pour qu'un couple partage autre chose qu'une hypothèque et des factures communes et qu'il survive au-delà de l'éducation des enfants et des sorties sociales, il faut faire en sorte que persiste et grandisse l'intimité à deux, cet aspect de la vie qui maintient la complicité, la confiance réciproque et le caractère unique du couple. Dans le même esprit que les techniques présentées dans *Cures de rajeunissement pour vos relations sexuelles* ayant pour but de raviver le désir des partenaires du couple, cette métaphore pourrait elle aussi constituer une cure: vous pourriez par exemple convenir d'un jeu, en déterminant ensemble que vous avez l'obligation de faire cinq fois (ou plus) l'amour dans la douche avant de retrouver le droit de le faire ailleurs — évidemment, vous pourrez partager tendresse et caresses en d'autres lieux. Ce petit exercice faisant appel à un rituel érotique vous donnera peut-être envie d'approfondir la discussion sur cette dimension de votre vie à deux et d'introduire plus de créativité dans votre intimité.

74. Arbres

74. Arbres

Reconnaître la richesse d'expérience qu'apportent certains événements difficiles et marquants et déterminer des solutions qui favorisent la guérison des blessures.

1. Observation et analyse de l'illustration.

Certains arbres ont connu une évolution difficile, mais ont su faire face aux intempéries et croître malgré leurs blessures: les événements de leur vie ont sculpté leurs formes et leur ont donné une envergure particulière, qui attire généralement le regard et suscite l'admiration.

2. Interprétations à explorer.

maîtrise de soi

Comment avez-vous grandi? Diriez-vous que vous avez poussé tout droit, avec force et robustesse et que vous êtes doté d'une solide estime de vous-même? Y a-t-il des événements qui ont influé sur votre croissance et que vous avez dû compenser en poussant d'une façon détournée dès la naissance ou au cours de votre enfance? Quelles sont les marques que la vie a laissées sur votre arbre intérieur? Pouvez-vous apprécier la particularité de vos formes, qui résultent de ces événements difficiles survenus au moment où vous étiez encore vulnérable? Estimez-vous ces marques essentiellement négatives, ou leur reconnaissez-vous des aspects positifs? Êtes-vous fier de la force qui se dégage de votre expérience de vie? Tentez l'expérience de dessiner une représentation de l'arbre que vous êtes, en réfléchissant aux raisons qui guident votre main: Où se situent les forces de votre arbre? Avez-vous besoin d'élaguer certaines branches qui nuisent actuellement à votre croissance? Que représentent ces branches? Quelle taille voudriez-vous donner à votre arbre dans l'avenir et comment voulez-vous qu'il se développe?

couple

À quoi ressemble l'arbre de votre vie à deux? Il est normal que les vents violents ou les épisodes de verglas brisent quelques branches, parfois parmi les plus robustes de l'arbre: ces blessures ne signifient pas que l'arbre doive être abattu, mais il faut prévenir les maladies qui risquent de s'infiltrer par ces ouvertures en coupant les branches cassées. De même, les couples peuvent aussi avoir subi des blessures dont ils doivent se guérir pour survivre: Quelles ont été vos plus violentes intempéries? De quelles blessures devez-vous guérir? Commencez par vous interroger tous les deux sur ce sujet, par partager vos points de vue sur votre représentation commune tout en respectant pleinement la réalité exprimée par chacun: la discussion, parce qu'elle aide à réduire les différences en permettant de mieux comprendre comment chacun se sent, représente l'une des meilleures voies vers la guérison. Une autre façon de faire est de prononcer une sentence qui a pour objectif de réparer la blessure: «Je te pardonnerai cela si tu fais telle chose.» Il faut toutefois que la faveur exigée soit raisonnable, qu'elle ne vise pas à humilier l'autre et que les deux partenaires s'entendent sur les modalités de son application: par exemple, au cours du prochain mois, tous les dimanches matins, le fautif laissera dormir l'autre jusqu'à dix heures et s'occupera des enfants avec enthousiasme; s'il lui était impossible de s'acquitter de ce devoir, il faudra prévoir une façon de compenser cette interruption. D'autres sentences peuvent se traduire par des versements en argent au compte conjoint ou par une fin de semaine de congé (individuellement ou à deux): l'important est de respecter la demande initiale de la personne qui a été blessée et lésée tout en la rendant acceptable pour l'autre. Évidemment, une fois que la sentence aura été prononcée et appliquée, le pardon devra prendre effet et la faute sera considérée comme réparée, dans la mesure où elle peut l'être: ainsi, la blessure d'infidélité guérit, mais son processus de rétablissement évolue en dents de scie et la douleur demeure susceptible de se réveiller bien des années plus tard — c'est le prix à payer pour avoir été infidèle. Dans ce cas, l'application d'une sentence n'efface jamais la blessure, mais elle améliore la situation de façon sensible, puisque la personne responsable de l'offense a reconnu son erreur et fait l'effort de la réparer, signifiant ainsi à l'autre à quel point leur relation est précieuse.

HORAIRE

dimanche	de_____ à _____
lundi	de_____ à _____
mardi	de_____ à _____
mercredi	de_____ à _____
jeudi	de_____ à _____
vendredi	de_____ à _____
samedi	de_____ à _____

75. Heures d'ouverture

Apprendre à limiter sa disponibilité d'esprit pour réserver aux autres des périodes d'attention de qualité et s'assurer à soi-même des moments de tranquillité et de ressourcement.

1. Observation et analyse de l'illustration.

Les établissements commerciaux et de services affichent clairement leurs heures d'ouverture, qui varient en fonction de leur mandat, des jours de la semaine ou de leurs activités (certains ferment aussi temporairement pour cause d'inventaire, de rénovation ou de vacances). Les entreprises dont les heures d'ouverture couvrent la majeure partie de la journée connaissent, selon des études récentes, une clientèle plus fidèle, car elle sait pouvoir s'y rendre pratiquement en tout temps.

2. Interprétations à explorer.

habiletés sociales

Quelles sont les heures d'ouverture que vous affichez? Varient-elles souvent ou demeurent-elles stables? Utilisez-vous la stratégie de marketing des supermarchés, en restant disponible toute la journée et la soirée? Il n'est pas étonnant, dans ce contexte, que les autres vous sollicitent constamment, à toute heure, et s'attendent à ce que vous les receviez. Si, au contraire, vous limitez clairement l'accès à certaines plages horaires, ils respecteront vos heures de fermeture : comme chacun sait qu'il ne sert à rien de se rendre à la porte d'un commerce fermé, les gens de votre entourage savent qu'il est inutile de vous déranger au moment où vous n'êtes pas disponible.

maîtrise de soi

Lorsque vous éprouvez certaines émotions fortes comme la colère, la jalousie ou l'envie, un stress intense à la suite de problèmes au travail, en amour, en famille ou dans la vie en général, ou même une mésestime de vous-même, il pourra s'avérer bénéfique de ne pas leur laisser toute la place dans votre vie, 24 heures sur 24. Réservez une période de temps pendant laquelle vous vous accordez le droit de réflexion, idéalement à un moment où vous êtes reposé et en pleine possession de vos capacités, mais fermez-leur résolument la porte au-delà de cette plage de temps : il ne s'agit pas de nier et de refouler vos émotions, mais de leur interdire de contaminer le reste de votre vie et d'étendre leur domination sur tous les secteurs de vos activités. La fermeture d'une colère contre le patron, par exemple, signifie qu'en retournant à la maison vous ne vous permettez pas de perdre toute votre soirée à ruminer ce qu'il vous a fait : en vous obligeant à ne pas régler cette question avant d'avoir terminé le repas en famille et d'avoir couché les enfants, vous respecterez tout d'abord ceux qui vivent avec vous. Vous pourrez par ailleurs ressourcer vos énergies auprès de ceux que vous aimez et imaginerez ensuite sans nul doute plus clairement et facilement des solutions à votre problème.

Conclusion

Laissez-moi vous citer une histoire que j'ai lue dans le livre *Top vendeur* de Ibrahim Elfiky: « Il était une fois un éléphant d'Afrique qui avait été amené dans le jardin zoologique d'une grande ville. Le jardin zoologique était en construction et l'enclos de l'éléphant n'était pas prêt: aussi, on le stationna sur un terrain d'environ 300 pieds carrés. L'éléphant se mit à avancer et à reculer sur 300 pieds carrés. L'échéance de la construction fut retardée et l'éléphant resta dans cet espace pendant trois mois. Puis, on le plaça sur un nouveau terrain de 1 500 pieds carrés. Devinez ce qu'il a fait? Il continua à avancer et à reculer sur 300 pieds carrés. L'éléphant était pris dans ses vieilles habitudes et ne voyait pas qu'il avait d'autres possibilités. »

Et vous? Est-ce que la démarche d'introspection que vous venez de terminer vous a conduit à découvrir de nouvelles possibilités? Allez-vous les exploiter, ou continuerez-vous d'évoluer dans les limites de votre ancien territoire? La vie est remplie d'invitations et de possibilités; je vous souhaite de sélectionner les meilleures et de trouver l'audace, le courage et la détermination pour les actualiser. N'oubliez pas que la confiance est l'accumulation d'expériences positives: à vous de les inventer et de les ajouter à votre répertoire.

Bibliographie

BLAKESLEE, Sandra, 1998, «Nerve Cell Rhythm May Be Key to Consciousness», dans Wade Nicholas, *The Science Times Book of the Brain,* The Lyons Press.

BOISVERT, Jean-Marie et Madeleine BEAUDRY, 1979, *S'affirmer et communiquer,* Éditions de l'Homme.

DUFRESNE, Jacques, 1999, *Après l'homme — le cyborg?,* Éditions Multimondes.

ELFIKY, Ibrahim, 1997, *Top vendeur: 1001 trucs pour augmenter vos ventes,* Transcontinental.

GOLEMAN, Daniel, 1997, *L'intelligence émotionnelle 1. Comment transformer ses émotions en intelligence,* Robert Laffont (traduit de l'américain par Thierry Piélat, 1995, *Emotional Intelligence).*

GOLEMAN, Daniel, 1999, *L'intelligence émotionnelle 2. Cultiver ses émotions pour s'épanouir dans son travail,* Robert Laffont (traduit de l'américain par Daniel Roche, 1998, *Working with Emotional Intelligence).*

ISNARD, Guillemette, 1990, *L'enfant et sa mémoire,* Lacombe—Mercure de France.

SALOMÉ, Jacques, 1989, *Papa, maman, écoutez-moi vraiment,* J'ai Lu.

SALOVEY, Peter, 1990, «Emotional Intelligence», dans *Imagination, Cognition and Personality,* 9.

TOOBEY, J. et I. COSMIDES, 1990, «The Past Explains the Present: Emotional Adaptations and the Structure of Ancestral Environment», dans *Ethology and Sociobiology,* 11.

VAILLANT, George, 1977, *Adaptation to Life,* Brown.

VAN DER KOLK, Bessel A., 1996, «Trauma and Memory», dans van der Kolk, B. A., McFarlane, A. C., Weisaeth, L., *Traumatic Stress,* Guilford Press.

Index des sujets traités

N. B. Les chiffres indiqués correspondent au numéro de l'illustration et non à la pagination.

ÉMOTIONS FORTES ET LOURDS ÉTATS D'ÂME

- **Anxiété et angoisse**
  7, 8, 16, 19, 57, 62, 71
- **Colère**
  9, 12, 15, 25, 33, 37, 46, 54, 58, 65, 75
- **Culpabilité**
  18, 33, 42, 63, 64, 73
- **Découragement**
  12, 18, 21, 41, 44, 70
- **Dépression**
  2, 18, 24, 28, 48, 54
- **Épuisement**
  3, 5, 7, 11, 12, 19, 28, 29, 30, 31, 33, 35, 54, 57, 60, 61, 68
- **Honte**
  12, 15, 23, 33, 42
- **Inquiétude et appréhension**
  3, 13, 16, 19, 31, 44, 57, 59, 71
- **Jalousie, envie**
  34, 43, 75
- **Peine, tristesse, mélancolie**
  6, 7, 9, 15, 45, 54
- **Peur**
  3, 6, 9, 13, 16, 23, 27, 35, 42, 63, 73
- **Ressentiment**
  25, 33, 48, 52
- **Stress excessif**
  3, 5, 7, 12, 19, 46, 49, 60, 62, 75
- **Timidité, gêne**
  9, 14, 23, 42, 52, 60
- **Solitude**
  14, 32, 33, 42, 62

LES RELATIONS AUX AUTRES

- **Communication**

  4, 15, 32, 35, 38, 40, 41, 42, 47, 49, 50, 53, 55, 58, 60, 62, 66, 67, 71

- **Empathie**

  14, 23, 32, 42, 56, 60, 66

• Relations amicales

- **Conflits, disputes, mésententes**

  2, 4, 8, 15, 32, 35, 46, 54, 55, 60

- **Don de soi excessif**

  4, 5, 33, 50, 57, 75

- **Soutien et réconfort**

  3, 9, 22, 25, 44, 49, 51, 54, 56, 57

• Relations amoureuses

- **Conflits et divorce**

  2, 15, 17, 25, 27, 28, 33, 39, 45, 46, 50, 67, 69, 74, 75

- **Intimité et vie sexuelle**

  4, 6, 7, 13, 23, 28, 29, 39, 40, 47, 65, 73

- **Quotidien**

  1, 4, 12, 22, 24, 28, 30, 31, 37, 40, 42, 45, 51, 58, 61, 69

• Relations avec un parent

- **Attachement et réseau de soutien**

  25, 33, 44, 56

- **Emprise parentale**

  9, 17, 26, 27, 56

• Relations familiales

- **Dynamique familiale**

  4, 6, 12, 24, 31, 45, 64, 66, 75

- **Éducation**

  1, 4, 5, 9, 14, 16, 18, 20, 22, 27, 32, 34, 37, 41, 50, 52, 57, 63, 68

▸ **Problèmes reliés à l'enfance et à l'adolescence**

16, 18, 30, 41, 57, 68, 70

▸ **Stratégies d'échange et communication**

34, 37, 46, 50, 51, 52, 54, 66

• Relations de travail

13, 38, 41, 64, 66

LA RELATION À SOI-MÊME

▸ **Acceptation de soi**

18, 21, 27, 34, 41

▸ **Affirmation**

6, 16, 34, 40, 41, 43, 67

▸ **Bilan**

1, 3, 4, 10, 11, 17, 18, 21, 22, 27, 29, 36, 39, 42, 44, 52, 61, 69, 72, 74

▸ **Conditionnement négatif et soliloques destructeurs**

3, 27, 30, 48, 54, 63, 71

▸ **Confiance et assurance**

16, 27, 41, 44, 52, 69, 71, 73

▸ **Conscience de soi**

27, 35, 44, 47, 48, 52, 66, 72, 74

▸ **Contrôle de soi**

12, 15, 17, 20, 45, 46, 50, 65, 70, 71

▸ **Dévalorisation**

2, 14, 16, 19, 24, 26, 46, 48, 54, 56, 63, 75

▸ **Estime et valorisation**

5, 11, 12, 15, 16, 34, 43, 45, 48, 52, 64, 69, 73, 74

▸ **Présentation et apparence**

32, 47, 50, 55, 73

▸ **Remise en question et choix de vie**

10, 11, 17, 21, 25, 26, 28, 43, 45, 52, 55, 56, 58, 69

PETITS ET GROS PROBLÈMES DE LA VIE ADULTE

- **Compulsion (sexualité, jeu, alimentation)**

  12, 17

- **Consommation d'alcool et de drogue**

  12, 17, 30, 60, 63

- **Dépendance affective**

  12, 63

- **Deuil**

  7, 27, 28, 33, 47, 70

- **Divorce**

  25, 27, 28, 33, 39, 45, 50, 69

- **Échec**

  18, 25, 27, 28, 32, 42, 48, 54, 57, 71

- **Handicap et problèmes de santé**

  7, 11, 12, 18, 19, 25, 31, 53, 57

- **Séquelles de l'enfance ou de l'adolescence**

  3, 9, 20, 24, 56, 73, 74

- **Séquelles d'expériences négatives**

  4, 9, 13, 20, 23, 24, 25, 74

LE « TRAVAIL » DE L'ÂGE ADULTE

- **Attitude générale face au changement**

  1, 20, 29, 41, 49, 50, 62, 68

- **Autonomie et indépendance**

  18, 63, 68, 69

- **Gestion du temps**

  10, 19, 21, 22, 32, 66, 70

- **Gestion financière**

  1, 13, 17, 39, 42, 45, 66, 70, 72

- **Planification et préparation de l'avenir**

  7, 9, 11, 21, 22, 24, 27, 28, 29, 36, 43, 49, 59, 61, 65, 72

- Réussite professionnelle

  39, 44, 50, 61

  - **Décrochage**

    55, 62, 69

  - **Formation continue et adaptation**

    3, 20, 29, 38, 41, 44, 68

  - **Intérêt, attention et concentration**

    10, 19, 29, 35, 69

  - **Performance et pression**

    3, 5, 8, 13, 19, 26, 29, 31, 56

  - **Planification de carrière**

    36, 39, 59, 69

LE COMPORTEMENT ET LES ATTITUDES

- **Agressivité**

  13, 16, 25, 39, 41, 44, 50

- **Détermination**

  27, 41, 43, 68, 71, 72

- **Flexibilité et souplesse**

  1, 20, 29, 32, 40, 41, 53, 62, 68, 71, 72

- **Impulsivité**

  20, 41, 45, 46, 50

- **Jugement (de soi, des autres)**

  2, 13, 14, 17, 26, 30, 32, 47, 48, 50, 53, 55, 61

- **Retrait et repli sur soi**

  23, 44, 53, 66

- **Satisfaction et plaisir de vivre**

  7, 20, 22, 24, 27, 30, 31, 48, 65, 69, 72

- **Aller chercher de l'aide**

  9, 23, 25, 27, 33, 44, 49, 63, 67, 70

- **Apprendre à dire non**

  5, 11, 19, 21, 25, 33, 43, 45, 67, 75

- **Changement de perspective**

  2, 9, 13, 14, 18, 23, 25, 29, 30, 36, 43, 53, 70

- **Conditionnement positif**

  3, 7, 24, 43, 54, 59, 71, 72

- **Désamorcer une crise**

  12, 41, 46, 57, 66

- **Discuter et s'expliquer**

  4, 8, 23, 30, 49, 50, 54, 74

- **Hygiène de vie**

  3, 5, 9, 11, 13, 33, 45, 52, 57, 62, 65, 70, 75

- **Négocier et concilier**

  25, 46, 50, 68, 74

- **Prioriser**

  4, 5, 10, 17, 19, 21, 26, 36, 45, 57, 60, 70

- **Réparer ou pardonner**

  4, 15, 32, 46, 49, 50, 54, 64, 66, 74

- **Retrait bénéfique**

  25, 28, 33, 46, 50, 65

- **Revitaliser l'enthousiasme et le dynamisme**

  6, 7, 11, 18, 20, 24, 25, 27, 29, 31, 43, 53, 56, 58, 68, 70

- **Se réconforter soi-même**

  9, 25, 31, 54, 56, 65

Également disponible

Techniques d'impact pour grandir

Des illustrations pour développer l'intelligence émotionnelle chez les enfants

Grandir est un sport extrême ! Les enfants ont besoin d'enseignement et de renforcement pour accomplir leur parcours du combattant et sortir victorieux de leurs écueils émotionnels et relationnels. Pour grandir solidement, bien droits et forts, les enfants et les adultes qu'ils deviendront ont besoin de développer diverses habiletés pour affronter les défis qui se présenteront à eux; ils ont aussi besoin d'apprendre à savoir « quoi faire » avec ces vagues de sentiments qui parfois les « kidnappent » ! Bref, ils doivent développer ce qu'on appelle des « compétences émotionnelles ».

Les illustrations qui vous sont suggérées dans ces pages présentent l'avantage d'aborder tous ces sujets délicats de façon objective : ce que l'enfant comprend, reconnaît et admet à l'égard de l'image, il ne peut alors que le comprendre, le reconnaître et l'admettre de sa propre attitude. De même, les solutions qu'il propose pour résoudre les problèmes des personnages, des animaux ou des objets illustrés pourront être plus avantageusement appliquées à lui-même : elles lui correspondront aussi plus fidèlement que des leçons apprises par cœur ou de grands principes dont il ne comprend pas l'utilité immédiate.

En utilisant un symbole concret pour intervenir auprès de l'enfant, non seulement vous facilitez sa concentration sur le sujet à l'étude, mais vous vous donnez également accès à un monde beaucoup plus riche, plus vrai et plus direct que celui que vous pourriez toucher par la seule parole.

Également disponible

Techniques d'impact pour grandir

Des illustrations pour développer l'intelligence émotionnelle chez les adolescents

Certaines personnes semblent avoir hérité d'une confiance innée en elles-mêmes et d'une aisance remarquable pour les relations interpersonnelles. Pour la plupart des adolescents toutefois, il faut de la volonté, de l'entraînement et des connaissances pour développer ces « compétences émotionnelles » et réussir à dominer la tyrannie de leurs humeurs tout en gérant les transformations omniprésentes — et rapides ! — de leur corps et de leur esprit.

Les habiletés personnelles et interpersonnelles chez nos jeunes ont longtemps été considérées uniquement comme un « plus » ou un privilège, qui devait s'acquérir avec l'expérience ou s'ajouter au programme de formation traditionnelle *quand il restait un peu de temps pour le faire.* Avec les défis actuels et futurs qui attendent la prochaine génération, le développement de l'intelligence émotionnelle devra occuper une place centrale dans une formation globale de l'individu, et devra s'enseigner et se maîtriser avec une pédagogie sur mesure.

Ce volume figure parmi les instruments innovateurs dans ce domaine et offre aux parents ainsi qu'aux intervenants scolaires et parascolaires des outils concrets, différents, originaux et « spéciaux », bref, de quoi plaire aux adolescents.

MARQUIS
Québec, Canada